A la MANERA de CRISTO

SIGUIENDO SU EJEMPLO DE INTEGRIDAD, FIRMEZA Y CARÁCTER

A la MANERA de CRISTO

YESENIA THEN

A LA MANERA DE CRISTO
© Yesenia Then, 2020
Tel. 829.731.4205 - 809.508.7788
Email: soplodevidaministerios@gmail.com
Website: www.yeseniathen.org

ISBN: 9781736020104
Diseño de portada:
Mauricio Díaz
Diseño de interior:
Pablo Montenegro, me@pablomontenegro.com

Noviembre de 2020

DEDICATORIA

A todos aquellos que necesitan ser inspirados por el modelo de vida perfecto que vivió Jesús; y ser ayudados por Él, para cada día poder llevar su cruz.

AGRADECIMIENTO

Al Autor y Sustentador de todas las cosas, a quien para Su gloria y honra, nos escogió desde antes de nacer, para que con la vida que nos ha otorgado, demos cumplimiento a los propósitos de Él.

CONTENIDO

PRÓLOGO

*L*a mayor riqueza que alguien puede recibir, es conocer a Dios, para así poder participar de una vida en comunión con él y de todo lo que él comunica en su amor y propósito. Esta verdad orienta nuestra fe hacia lo que considero una prioridad sobre nuestra existencia.

Dios como Padre Eterno, a diseñado en sus designios de que manera darse a conocer y para esto ha provisto varios medios que lo revelan, entre ellos su creación y la palabra escrita (Biblia), pero la revelación más relevante, íntima y poderosa, la ha asignado a su Hijo Jesucristo, sobre esto la Epístola a los Hebreos nos dice: *El cual, siendo el resplandor de su gloria, y "la imagen misma de su sustancia" y quien sustenta todas las cosas con la palabra de su poder.* Hebreos 1:3

La palabra "imagen" que utiliza el texto sagrado, proviene de la palabra griega "kharakter" que significa carácter, lo cuál denota una representación exacta, es de esta verdad que se desprende el propósito del Hijo de Dios para con nosotros, lo cuál abarca darnos a conocer el corazón de Dios, como Padre, para salvarnos de la condenación eterna que produce el pecado y seguido de esto revelarnos el carácter del Padre, para modelarnos así la vida de hijos para la cual fuimos creados y diseñados.

Es por esta razón que Cristo es el centro de la historia, del mensaje y de la revelación plasmada en la Biblia. Por tanto, nuestro mayor interés debe ser conocer más y más de Él, pues así cumpliremos el deseo del corazón del Padre Eterno, que su esencia divina expresada como Hijo, sea como un prototipo que modele la vida y propósito que en nosotros debe ser encarnada. *"Pues Dios conoció a los suyos de antemano y los eligió para que llegaran a ser como su Hijo, a fin de que su Hijo fuera el hijo mayor de muchos hermanos."* (Romanos 8:29 NTV)

Es decir que en un momento de la eternidad, Cristo fue el Hijo unigénito, pero ahora a venido a ser el primogénito, para que por medio de la fe en él, seamos adoptados como hijos de Dios Padre y saber que tú y yo estamos dentro de esta gran familia eterna, sólo puede ser descrito con una palabra "Gracia".

El año 2020 (año en el que fue escrito este libro) nos ha sorprendido, al traernos un escenario caótico y desesperante, pero a su vez nos deja una marca histórica con sus acontecimientos, dentro de los cuales se encuentra esta gran obra literaria, la cual encierra un arduo, excelente y apasionado trabajo de parte de su autora y todo el equipo que le ha acompañado.

Me llena de gozo ver un libro dedicado a enriquecernos sobre el conocimiento de Cristo, donde de manera bíblica, clara, íntegra y sobre todo práctica, nuestra querida Pastora Yessenia Then, con la gracia que le caracteriza nos lleva por un maravilloso viaje que recorre las características de nuestro Salvador. En sus primeros capítulos abordando aspectos tan importantes como su preexistencia, su divinidad y su humanidad, para luego llevarnos con una destreza impresionante a una sección práctica, donde nos detalla el modelo de Jesús y lo aplica a nuestras vidas.

Creo que este texto va a trascender la vida de multitudes al rededor del mundo, causando así un efecto transformador con alcance generacional y donde sobre todo la persona de Cristo será glorificada.

Considera el libro que tienes en tus manos como un regalo de Dios, con el objetivo de acercarte más a él por medio del conocimiento de su Hijo Jesucristo. Sus páginas nos dejan ver el amor y admiración que la Pastora Yessenia Then tiene por nuestro gran Señor, pero a su vez se puede apreciar el corazón de nuestro Padre, irradiando luz sobre nuestro entendimiento, para impulsarnos a crecer y ser conformados a la imagen de su Hijo.

Es mi oración que te conectes con las verdades expuestas en este texto y que las puedas reproducir como un estilo de vida.

Robert Toribio
Pastor

INTRODUCCIÓN

*C*onocí a Jesús a la edad de 16 años y desde el día que llegó a mi vida, ha sido mi Fuente, mi Padre, mi Ayuda, mi Escudo, mi Fuerza, mi Guía, mi razón de ser, el que me da sabiduría, el que me sostiene, la Fuente de donde procede mi aliento, el que me respalda, me guarda y quien es mi Sustento.

Mi relación con Cristo añade vida a cada uno de mis días, y si por algo despierto cada día llena de pasión, fuerza y mucho entusiasmo, es porque verdaderamente me apasiona, fortalece y entusiasma en demasía, el hecho de haber sido provista de vida para dar cumplimiento a los planes que el Señor tuvo con mi existencia, desde antes de hacer que yo llegara a la tierra. Pero sé que no soy la única que siente esto y estoy convencida de que alrededor del mundo, hay millones y millones de personas, que sin pensarlo dos veces harían todo lo que fuera necesario por agradarlo, dejarían cualquier cosa por honrarlo y por Él, darían la vida si fuese necesario.

Y es que el amor que llega a llenar nuestro corazón cuando conocemos al Señor, es algo que nuestra dimensión humana no alcanza a comprender a cabalidad; porque Él, es mucho más de lo que aún el ser humano más dotado, es capaz de comprender y apreciar. Sus dimensiones de amor, bondad, ternura y compasión traspasan los linderos, aún del mismo universo. Por lo que, no ha habido ni habrá jamás, alguien capaz de comprender la magnitud de lo que ocurre en nuestro interior cuando le abrimos la puerta de nuestro corazón, al Caballero de la Cruz, cuyo Nombre es Jesús. A quien la Biblia, además le llama: Nuestro Abogado, el Buen Pastor, el Amado, el Deseado de todas las Naciones, la Estrella Resplandeciente de la Mañana, la Rosa de Sarón, la Piedra de Cimiento Estable, el Cordero, el León, el Admirable y de muchas otras formas más, que con solo hacer el intento de mencionarlas en este libro, no tendríamos espacio para más; de manera que reconocer la magnitud de su grandeza y tener la oportunidad de escribir acerca de Él, es un alto honor que agradecemos al Padre, poder tener.

Su historia es magna y sus enseñanzas incontables. Por ende, en ninguna forma podemos tan siquiera intentar registrar en este libro, todo lo que podemos aprender acerca de Él. Ya que con referencia a esto, hasta el mismo apóstol Juan, dijo que Jesús hizo tantas cosas, que si se escribiera cada una de ellas, no cabrían en el mundo todos los libros que serían escritos. (Juan 21:25)

Sin embargo, entre todas estas cosas, luego de un tiempo importante de ayuno y oración, con mucho respeto y humildad de corazón hemos procedido a elaborar este contenido sobre dos bases específicas, que son las siguientes: Algunos aspectos de Su Deidad (Primera Parte) y diez características específicas mostradas en Su humanidad (Segunda Parte).

Oramos para que todo lo que en este escrito se ha plasma-do, sea de bendición, fortaleza, instrucción, guía y edificación para cada lector; y para que Dios ponga en su corazón, el de-seo y la urgencia de vivir esta vida corta y pasajera, no a su manera, si no según los planos, el diseño, la voluntad y el de-seo de ¡JESUCRISTO, NUESTRO SEÑOR!

PRIMERA PARTE

ASPECTOS FUNDAMENTALES ACERCA DE CRISTO

Capítulo 1

EL ÚNICO SER PERFECTO, INDESCRIPTIBLE Y ETERNO

"… Y se llamará su nombre Admirable, Consejero, Dios Fuerte, Padre Eterno, Príncipe de Paz". Isaías 9:6 (RVR 1960)

EL ÚNICO SER PERFECTO, INDESCRIPTIBLE Y ETERNO

*D*e ese ser incomparable se ha dicho que, "en el principio era el Verbo, que el Verbo era con Dios y que el Verbo era Dios". Sin embargo, ese mismo Ser que ocupa el más alto sitial de la Deidad en compañía del Padre y del Espíritu Santo, fue hecho carne y habitó entre nosotros.

El que ha existido desde la eternidad y existirá por toda la eternidad, nació de una mujer y murió en una cruz. El que según la mente del Espíritu es Admirable, fue escupido por los hombres. El que por la misma mente es Consejero, fue rechazado en la forma más despreciable. El que es Padre Eterno, fue el hijo que aprende obediencia por medio de los sufrimientos que experimentó. El que es el Príncipe de Paz, tuvo que pisar el lagar de la ira del Todopoderoso Dios. El que es Santo, inocente, sin mancha y apartado de los pecadores, fue hecho pecado a favor de otros. El que es el Pan de vida, padeció hambre. El que es el dador del agua de vida, tuvo sed. El que es el Don de vida que Dios le ofrece al mundo perdido, tuvo que morir; pero el que estuvo muerto, vive para siempre jamás.

Estas verdades acerca de Cristo resultan ser incomprensibles para muchos, ya que simplemente no alcanzan a entender cómo Dios pudo nacer en forma humana y morir; cómo pudo crecer en estatura y en sabiduría; cómo pudo ser tentado en todo; cómo pudo estar sujeto a la ley y cómo se le pudo dar algo que no fuera ya de Él.

El hecho de que Cristo es Dios en el más absoluto sentido de la palabra y que a través de la encarnación, un miembro de la adorable Trinidad entró en la familia humana, es un misterio que solo los que tienen una revelación clara acerca de Él, son capaces de comprender, y precisamente a esto hace referencia el apóstol Pablo al decir: *"E indiscutiblemente, grande es el **misterio de la piedad**: Dios fue manifestado en carne, Justificado en el Espíritu, Visto de los ángeles, Predicado a los gentiles, Creído en el mundo, Recibido arriba en gloria".* 1 Timoteo 3:16 (RVR 1960)

De modo que al ser manifestado en carne, Cristo se reveló a la raza humana, pero ya Él existía en el cielo porque Él es Dios, y por ser Dios, es eterno y preexistente a todo lo que ha sido creado.

La revelación divina con respecto a la preexistencia de Cristo, se puede dividir en cinco partes principales, que son las siguientes:

> ➤ Cristo es Dios; por tanto, Él es preexistente.

> Cristo es el Creador; por tanto, Él es preexistente.

> Cristo es el Sustentador de todas las cosas; por tanto, Él es preexistente.

> Cristo era, antes de que todas las cosas existieran; por tanto, Él es preexistente.

> La Biblia tiene muchas afirmaciones que directamente declaran que Cristo es preexistente.

La Deidad del Padre y del Espíritu Santo, es admitida universalmente; pero muchos dudan sobre la Deidad de Cristo. Sin embargo, es importante resaltar que la duda sobre la Deidad de Cristo no existiría si Él no se hubiese encarnado. Por-

Cristo se reveló a la raza humana, pero ya Él existía en el cielo porque Él es Dios.

que precisamente, el hecho de que haya entrado en la esfera humana, es el que ha promovido la incredulidad acerca de su Deidad, en dicha esfera. Pero como si el Autor divino hubiera previsto que existiría la tentación de la incredulidad por causa de la incomprensión de la segunda Persona de la Trinidad, que es a la vez Dios y hombre, se nos ha provisto de fuertes e ineludibles evidencias con respecto a la Deidad de Jesucristo; y en cuanto a este asunto específico, las escrituras son muy claras y conclusivas en sus afirmaciones.

Su humanidad se revela por el método natural de atribuirle títulos humanos, atributos humanos, acciones humanas y relaciones humanas. De forma similar, Su divinidad se revela atribuyéndole títulos divinos, atributos divinos, acciones divinas y relaciones divinas. Y en cuanto a la honra que debemos dar al Hijo, la Palabra de Dios expresa lo siguiente: *"Que todos honren al Hijo como honran al Padre. El que no honra al Hijo, no honra al Padre que le envió"*. Juan 5:23 (RVR 1960)

El significado de Su nombre:

Los nombres que se hallan en la Biblia, no son simples títulos vacíos; sino que hacen referencia al destino y a la esencia misma de la persona que posee dicho nombre. Observemos un ejemplo de esto, en cuanto a la persona de Cristo:

> ➤ Mesías, significa: El Enviado.

> ➤ Cristo, significa: El Ungido.

> ➤ Jesús, significa: El Salvador.

Haciendo referencia a esto, el evangelista Mateo, escribe lo siguiente: *"... Y un ángel se le apareció (a José) en sueños y le dijo: María tu mujer, dará a luz un hijo, y llamarás **su nombre JESÚS**, porque él salvará a su pueblo de sus pecados"*. Mateo 1:20-21 (RVR 1960)

> *Los nombres que se hallan en la Biblia, no son simples títulos vacíos.*

El nombre "Jesús" que (como ya pudimos observar) significa "Salvador", es aquel con el cual se designa al Señor humanamente, pero es también el nombre que envuelve todo el propósito redentor de su encarnación.

Títulos similares como: el Hijo del hombre, el Hijo de Abraham y el Hijo de David; afirman su linaje y sus relaciones humanas. De la misma manera que los nombres: El Verbo de Dios, El Señor, Padre Eterno, Emanuel e Hijo de Dios, indican su Deidad.

Ahora bien, en este punto es importante aclarar que, aunque todos estos nombres son importantes, algunos son determinantes en sus implicaciones, tal como podremos apreciarlo en el siguiente capítulo.

PUNTOS A RECORDAR:

1. El hecho de que Cristo es Dios en el más absoluto sentido de la palabra, y que a través de la encarnación un miembro de la adorable Trinidad entró en la familia humana, es un misterio que solo los que tienen una revelación clara acerca de Dios, son capaces de comprender.

2. Al ser manifestado en carne, Cristo se reveló a la raza humana pero ya Él existía en el cielo, porque Él es Dios; y por ser Dios, es eterno y preexistente a todo lo que ha sido creado.

3. La duda sobre la Deidad de Cristo, no existiría si Él no se hubiese encarnado. Pero como si el Autor divino hubiera previsto que existiría la tentación de la incredulidad, por causa de la incomprensión de la segunda Persona de la Trinidad, se nos ha provisto de fuertes e ineludibles evidencias con respecto a la Deidad de Jesucristo.

4. Los nombres que se hallan en la Biblia, no son simples títulos vacíos; sino que hacen referencia al destino y a la esencia misma de la persona que posee dicho nombre.

5. El nombre "Jesús" que significa "Salvador" es aquel con el cual se designa al Señor humanamente, pero es también el nombre que envuelve todo el propósito redentor de Su encarnación.

Capítulo 2

NOMBRES QUE INDICAN SU ETERNIDAD

"… Judá, de ti me saldrá el que será Señor en Israel; y sus salidas son desde el principio, desde los días de la eternidad".
Miqueas 5:2 (RVR 1960)

NOMBRES QUE INDICAN SU ETERNIDAD

*L*a Biblia contiene alrededor de 300 nombres y títulos dados al Mesías que expresan su eternidad, su deidad y la asignación que vino a cumplir a la tierra; y dada la magna importancia de dichos nombres, en este y en el próximo capítulo, procederemos a hacer mención de algunos de estos.

El Verbo o el Logos: Así como el lenguaje expresa el pensamiento, también Cristo es la Expresión, el Revelador y el Manifestador de la voluntad de Dios.

El término "Logos" es usado únicamente por el apóstol Juan, para referirse a Cristo e indica Su carácter eterno. *"**En el principio** era el Verbo, y el Verbo era con Dios, y **el Verbo era Dios**".* Juan 1:1 (RVR 1960)

Además de esto, se hizo carne. Por tanto, según sus funciones divinas, es la manifestación de Dios ante el hombre. *"Y aquel Verbo **fue hecho carne**, y habitó entre nosotros (y vimos su gloria, gloria como del unigénito del Padre) lleno de gra-*

cia y de verdad". Juan 1:14 (RVR 1960)

La expresión "Logos" denota razón y a la vez, palabra. Por ello, al aplicarse este término a la Persona de Cristo, como razón de Dios, significa su propósito o designio. Como palabra de Dios, hace referencia a su revelación.

El término "logos" tiene su raíz en la filosofía y fue adoptado por el judaísmo para expresar la manifestación del Dios invisible, incluyendo todos los modos por medio de los cuales Dios, se da a conocer a los hombres. Por lo que en la manifestación de Cristo, no solo estuvo en Él todo lo que puede revelarse con respecto a Dios, sino también toda la competencia de Dios, que excede a todo entendimiento. A esto precisamente hace referencia el apóstol Pablo, al decir: "Porque en él habita corporalmente **toda la plenitud de la Deidad"**. Colosenses 2:9 y con referencia a esto, también el apóstol Juan añade lo siguiente: **"A Dios nadie le vio jamás; el unigénito Hijo,** *que está en el seno del Padre, él le ha dado a conocer"*. Juan 1:18 (RVR 1960)

Unigénito de Dios: El título Unigénito de Dios, es uno de los más elevados que jamás se haya empleado y hace referencia a la relación eterna entre el Padre y el Hijo. Jesús es el unigénito Hijo de Dios, a diferencia de muchos hijos de Dios llamados así en sentido figurado. Los ángeles son hijos de Dios, por derecho de creación; pero de ninguna manera son hijos, en el mismo sentido que lo es Cristo. En ese mismo orden, los que nacen de nuevo por la obra del Espíritu Santo, llegan a ser hijos adoptivos de Dios, pero ellos comienzan a serlo después de haber sido hombres; mientras que Cristo, es el Hijo de Dios desde la eternidad. Por esta razón, el título "Unigénito de Dios" solo puede aplicársele a Jesucristo.

*"Porque de tal manera amó **Dios** al mundo, que **ha dado a su Hijo unigénito,** para que todo aquel que en él cree, no se pierda, mas tenga vida eterna. Porque no envió Dios a su Hijo al mundo para condenar al mundo, sino para que el mundo sea salvo por él. El que en él cree, no es condenado; pero el que no cree, ya ha sido condenado, porque no ha creído en el nombre del unigénito Hijo de Dios".* Juan 3:16-18 (RVR 1960)

El Primogénito: En este punto, quizás algunos piensen: Pero si Jesús es el Unigénito del Padre, ¿Por qué también la Biblia le llama El Primogénito? Para dar respuesta a esta pregunta, lo primero que debemos aclarar es que Jesús no es el "primogénito" de Dios, sino el "Primogénito de toda la creación"; tal como lo expresa Colosenses 1:15 diciendo: *"Él es la imagen del Dios invisible, el **primogénito de toda la creación".***

La razón por la que es el Primogénito de toda la creación, es porque Él creó todas las cosas. *"Porque **en él fueron creadas todas las cosas** que están en los cielos y en la tierra, visibles e invisibles, sean tronos, dominios, principados o autoridades. **Todo fue creado por medio de él y para él".*** Colosenses 1:16 (RVR 1960)

En ese mismo orden, aunque las palabras castellanas "primogénito" y "unigénito" contienen la misma raíz, que es "génito", los términos originales en el idioma griego, no están

35

relacionados de ninguna manera, ya que la palabra "primo-génito" es "prototokos" y se aplica, no al primer nacido, sino al que ocupa un rango inminente sobre algo; y en la Biblia, se aplica a Cristo de forma exclusiva. Por otro lado, el término "unigénito" es "monogenes" y es la combinación de "monos" (único) + "genos" (descendiente) de modo que la Biblia, al decir que Jesucristo es el "Unigénito de Dios", nos está señalando que Él es el único Ser revelado a la raza humana que desciende directamente de Dios. Por tanto, con relación a la eternidad de Cristo, los títulos "Unigénito y Primogénito" son otra prueba de que Él es Eterno e Increado.

Dicho esto, otra interrogante que puede surgir con respecto a esta verdad, es la siguiente: Si Jesús es el Unigénito de Dios y el Primogénito de toda la creación, ¿Por qué uno de sus títulos en la Biblia es Hijo de Hombre?

> *Con relación a la eternidad de Cristo, los títulos "Unigénito y Primogénito" son otra prueba de que Él es Eterno e Increado.*

Ciertamente el título **"Hijo del Hombre"** es usado con referencia a Jesús, en la Biblia. De hecho, solo en el Nuevo Testamento se utiliza alrededor de 88 veces. Pero, ¿Por qué se le llama de esta forma al Eterno Mesías?

El primer significado de la frase "Hijo del Hombre" con respecto a Cristo, hace referencia a la profecía de Daniel 7:13-14, donde dice lo siguiente: *"Miraba yo en la visión de la noche, y he aquí con las nubes del cielo venía uno **como un Hijo***

36

de hombre, que vino hasta el Anciano de días, y le hicieron acercarse delante de Él. Y le fue dado dominio, gloria y reino, para que todos los pueblos, naciones y lenguas le sirvieran; **Su dominio es dominio eterno, que nunca pasará y Su reino uno que no será destruido"**, por ello, la descripción "Hijo de Hombre" era un título Mesiánico, profetizado sobre Cristo en el Antiguo Testamento. Jesús y no otro, es Aquel a quien le fue dado el dominio, la gloria y el reino. Por lo que, cuando Jesús usaba esta frase con relación a Sí mismo, Él se estaba adjudicando la profecía del "Hijo del Hombre" dada por el profeta Daniel, en el capítulo 7 de su libro.

Un segundo significado de la frase "Hijo del Hombre" alude al hecho de que verdaderamente, Jesús era un ser humano. En ese mismo orden, Dios llamó al profeta Ezequiel "hijo de hombre" 93 veces y al hacerlo, simplemente, estaba llamando a Ezequiel, un ser humano. Porque un hijo de un hombre, es un hombre. Ahora bien, esto no cambia la realidad de que Jesús era totalmente Dios; tal como lo expresa Juan 1:1 *"En el principio era el Verbo, y* **el Verbo era con Dios,** *y el Verbo era Dios"*. Pero también era un ser humano: ***"Y aquel Verbo fue hecho carne,*** *y habitó entre nosotros (y vimos su gloria, gloria como del unigénito del Padre), lleno de gracia y de verdad"*. Juan 1:14 (RVR 1960)

Con relación a esto, en su primera carta el apóstol Juan, también nos dice: *"En esto conoced el Espíritu de Dios:* **Todo espíritu que confiesa que Jesucristo ha venido en carne,** *es de Dios"*. 1 Juan 4:2 (RVR 1960).

Finalmente, sí Jesús es el Hijo de Dios, Él era en esencia Dios. Sí, Jesús también era el Hijo del Hombre, Él era en esencia un ser humano. Por tanto, la frase "Hijo del Hombre" indica que Jesús es el Mesías, y al mismo tiempo un ser humano.

PUNTOS A RECORDAR:

1. La Biblia contiene alrededor de 300 nombres y títulos dados al Mesías, que expresan su eternidad, su deidad y la asignación que vino a cumplir a la tierra.

2. Así como el lenguaje expresa el pensamiento, también Cristo es la Expresión, el Revelador y el Manifestador de la voluntad de Dios.

3. El título Unigénito de Dios, es uno de los más elevados que jamás se haya empleado y hace referencia a la relación eterna entre el Padre y el Hijo. Jesús es el unigénito Hijo de Dios; a diferencia de muchos hijos de Dios llamados así, en sentido figurado.

4. Jesús no es el "primogénito" de Dios, sino el "Primogénito de toda la creación". Y la razón por la que es el Primogénito de toda la creación, es porque Él creó todas las cosas.

5. La frase "Hijo del Hombre" indica que Jesús es el Mesías, y al mismo tiempo un ser humano.

Capítulo 3

NOMBRES QUE AFIRMAN SU DEIDAD

"He aquí que la virgen concebirá y dará a luz un hijo, Y llamarán su nombre Emanuel, que traducido es: Dios con nosotros".
Mateo 1:23 (RVR 1960)

NOMBRES QUE AFIRMAN SU DEIDAD

*E*ntre los diversos nombres que la Biblia utiliza para la persona de Jesús, está el de Dios. El término "Dios" está universalmente reconocido como nombre que indica Deidad, y cuando es escrito con "d" minúscula intencionalmente, hace alusión a dioses falsos o paganos. Es por esto que en absolutamente todos los casos, el nombre de Dios se debe escribir con "D" mayúscula; ya sea al hacer referencia a la Persona del Padre, la del Hijo o la del Espíritu Santo.

Dicho esto, procedamos a identificar la forma tan explícita como a través del Texto Sagrado, se nos muestra la absoluta Deidad de la Persona de Jesucristo, al llamársele en repetidas ocasiones, con el término "Dios". Lo que afirma por tanto, que Él ha existido desde la eternidad.

El uso de este término para hacer referencia a la Persona de Cristo, comienza en el Antiguo Testamento y continúa a través de todo el Nuevo Testamento, tal como podemos apreciarlo en los siguientes ejemplos:

*"Voz que clama en el desierto: Preparad camino **a Jehová;** enderezad calzada en la soledad **a nuestro Dios".** Isaías 40:3 (RVR 1960)

En esta escritura, el Espíritu Santo, a través del profeta Isaías, afirma que Cristo es tanto Jehová como Elohim; y a esta profecía fue que hizo referencia Juan el Bautista, al ser interrogado por los judíos mientras ejercía aquello para lo cual había sido señalado.

"Este es el testimonio de Juan, cuando los judíos enviaron de Jerusalén sacerdotes y levitas para que le preguntasen: ¿Tú, quién eres? Confesó, y no negó, sino confesó: Yo no soy el Cristo. Y le preguntaron: ¿Qué pues? ¿Eres tú Elías? Dijo: No soy. ¿Eres tú el profeta? Y respondió: No. Le dijeron: ¿Pues quién eres? para que demos respuesta a los que nos enviaron. ¿Qué dices de ti mismo? Dijo: Yo soy la voz de uno que clama en el desierto: Enderezad el camino del Señor, como dijo el profeta Isaías". Juan 1:19-23 (RVR 1960)

En ese mismo orden por inspiración de Dios, el mismo profeta Isaías también escribe lo siguiente, con respecto a Cristo: *"Porque un niño nos es nacido, hijo nos es dado, y el principado sobre su hombro; y se llamará su nombre Admirable, Consejero, **Dios Fuerte**, Padre Eterno, Príncipe de Paz. Lo dilatado de su imperio y la paz, no tendrán límite, **sobre el trono de David** y sobre su reino, disponiéndolo y confirmándolo en juicio y en justicia desde ahora y para siempre. El celo de Jehová de los ejércitos hará esto".* Isaías 9:6-7 (RVR 1960)

En este punto, es necesario aclarar que Cristo es el único miembro de la Divinidad, de quien se podía decir que nacería y se sentaría sobre el trono de David.

Así también, Isaías declara que habría de venir uno que se llamaría "Emanuel", que traducido es "Dios con nosotros"; profecía que al igual que la anterior, se cumple en el Nuevo Testamento, con el siguiente pasaje: *"He aquí, una virgen concebirá y dará a luz un hijo, y llamarás su nombre Emanuel, que traducido es: Dios con nosotros".* Mateo 1:23 (RVR 1960)

Este título en particular, significa mucho más que el hecho de que Dios está presente con su pueblo; significa que a través de la encarnación, Dios ha llegado a ser parte de la familia humana.

Por otro lado, cuando Tomás (uno de los discípulos de Jesús) vio las heridas del Salvador, dijo: *"Señor mío y Dios mío"* (Ver Juan 20:28). En esta declaración hay algo cierto y es que, si la misma no hubiese sido correcta, entonces hubiese sido idolatría digna de reprensión por parte de Cristo. Sin embargo, Él no reprendió a Tomás por haberlo reconocido como Señor y Dios, si no por haber sido necesaria tanta demostración para que el discípulo creyera lo que es

> *Cristo es el único miembro de la Divinidad, de quien se podía decir que nacería y se sentaría sobre el trono de David.*

45

cierto, con relación a su Maestro. Por ende, tan cierto como el hecho de que Cristo ha de venir otra vez, es que Él lleva con toda propiedad el título de "Gran Dios y Salvador". Tal como lo expresa la carta a Tito 2:13 *"Aguardando la esperanza bienaventurada y la manifestación gloriosa de nuestro gran **Dios y Salvador** Jesucristo"*.

Jehová: Finalmente, es necesario destacar que la más elevada de todas las referencias a la Deidad, es la que se expresa con el nombre de Jehová, y esta también se aplica a Cristo libre y constantemente. En este punto, no podemos dejar de notar que el nombre de Jehová, es propio para una sola persona; y en ningún modo puede aplicarse de forma correcta a ninguna otra persona. De hecho, con respecto al carácter de exaltación que tiene este nombre, la Palabra de Dios dice lo siguiente: *"Yo **Jehová; este es mi nombre; y a otro no daré mi gloria**, ni mi alabanza a esculturas"*. Isaías 42:8 (RVR 1960)

Sin embargo, de manera precisa en varios pasajes del Antiguo Testamento, se nos muestra cómo al hacerse referencia profética acerca de Jesucristo, se utiliza el nombre de Jehová el Señor, en diversos acontecimientos. Tal como podemos apreciarlo en los siguientes textos:

*"Y derramaré sobre la casa de David, y sobre los moradores de Jerusalén, espíritu de gracia y de oración; **[dice el Señor] y mirarán a mí, a quien traspasaron,** y llorarán como se llora por hijo unigénito, afligiéndose por él como quien se aflige por el primogénito"*. Zacarías 12:10 (RVR 1960)

A esta profecía hace referencia el apóstol Juan, al decir: *"He aquí que viene con las nubes, y todo ojo le verá, y los que **le traspasaron;** y todos los linajes de la tierra harán lamentación por él".* Apocalipsis 1:7 (RVR 1960)

Por otro lado, el profeta Malaquías predijo que **Jehová mismo vendría a su templo** (Ver Malaquias 3:1) y Cristo cumplió esa predicción, cuando estando en el templo, dijo: *"**Mi casa** es casa de oración y ustedes la habéis hecho cueva de ladrones".* Mateo 21:13 (RVR 1960)

El templo no podía ser casa de Cristo, a menos que sea cierto que Cristo es Jehová. De la misma manera, el sábado era el día de Jehová porque así Él lo estableció; pero Cristo se presentó asimismo como el Señor del sábado, en el evangelio según Mateo 12:8 *"Pues el Hijo del Hombre es **Señor, ¡incluso del día de descanso!**"* (NTV). Mientras que la versión Traducción del Lenguaje Actual (TLA) con respecto al mismo texto, expresa lo siguiente: *"Porque yo, el Hijo del hombre, **soy quien decide** lo que puede hacerse en el día de descanso, y lo que no puede hacerse".*

El sábado era el día de Jehová, por ser el que siguió a los seis días de la creación. De manera que cuando Cristo se proclamó como Señor del sábado, asumió el puesto de Creador de todas las cosas, del mismo modo como lo establece el Antiguo Testamento, acerca de Jehová Dios.

> *El templo no podía ser casa de Cristo, a menos que sea cierto que Cristo es Jehová.*

Señor: En el Nuevo Testamento que fue escrito en griego, el nombre Jehová, que es hebreo, no aparece. No lo utilizan los evangelistas ni los apóstoles; ni en relación con el Padre, ni con el Hijo, ni con el Espíritu; ya que se había dejado de pronunciar ese nombre y los únicos que lo pronunciaban eran los sumos sacerdotes del templo. Ahora bien, en la Septuaginta se usa la palabra "kurios" para el término "Señor" en vez de Jehová, y así también lo hicieron los escritores del Nuevo Testamento.

El término Señor, según el idioma griego es *"kurios"* y significa "supremo en autoridad, controlador, soberano, ungido, amo y dueño". Mientras que en hebreo es "adòn" y significa: "soberano, controlador, amo, dueño y señor".

Cuando este término es utilizado en referencia a Dios, se aplica con respecto al Padre, al Hijo y al Espíritu Santo, en toda la plenitud de su significado. De hecho, los numerosos pasajes del Antiguo Testamento citados por los apóstoles y aplicados por ellos a Cristo, establecen tan firmemente este asunto, que dejan probado que los nombres de Jehová y Señor, son intercambiables y solo en el Nuevo Testamento, la palabra Señor se le aplica al Redentor, aproximadamente ochocientas veces.

PUNTOS A RECORDAR

1. El término "Dios" está universalmente reconocido como nombre que indica Deidad, y cuando es escrito con "d" minúscula intencionalmente, hace alusión a dioses falsos o paganos.

2. El nombre "Emmanuel" que traducido es "Dios con nosotros", significa mucho más que el hecho de que Dios está presente con su pueblo; significa que a través de la encarnación, Dios ha llegado a ser parte de la familia humana.

3. Tan cierto como el hecho de que Cristo ha de venir otra vez, es que Él lleva con toda propiedad el título de "Gran Dios y Salvador".

4. La más elevada de todas las referencias a la Deidad, es la que se expresa con el nombre de Jehová, y esta se aplica a Cristo libre y constantemente.

5. El término Señor, según el idioma griego es *"kurios"* y significa "supremo en autoridad, controlador, soberano, ungido, amo y dueño". Mientras que en hebreo es *"adòn"* y significa: "soberano, controlador, amo, dueño y señor" y cuando es utilizado en referencia a Dios, se aplica con respecto al Padre, al Hijo y al Espíritu Santo, en toda la plenitud de su significado.

Capítulo 4

ALGUNAS EVIDENCIAS DE SUS ATRIBUTOS COMO DIOS

"Él es antes de todas las cosas y todas las cosas en él subsisten".
Colosenses 1:17 (RVR 1960)

ALGUNAS EVIDENCIAS DE SUS ATRIBUTOS COMO DIOS

*E*n cuanto a la evidencia de los atributos de Cristo con relación al Padre, podemos decir que al igual que lo que ya hemos observado con respecto a sus nombres, es notoria en toda la Biblia, y a continuación mostramos solo algunos ejemplos de esto, iniciando con el atributo de la eternidad.

Eternidad: Si bien es cierto que a través de los tiempos han podido señalarse millones de edades, no menos cierto es que no hay ninguna multiplicación de éstas que pueda calificarse como eternidad. Mientras que acerca de Cristo, la Santa Palabra expresa lo siguiente:

*"Pero tú, Belén Efrata, pequeña para estar entre las familias de Judá, de ti me saldrá el que será Señor en Israel; y sus salidas son desde el principio, **desde los días de la eternidad**".* Miqueas 5:2 (RVR 1960)

Por otro lado, mediante la aplicación del "Yo Soy" nombre alusivo solo a Jehová, Cristo afirma de Sí mismo que Él es Jehová y con respecto a su eternidad, Él no podía hacer ninguna afirmación más enérgica que esta: *"Les digo la verdad, ¡aun antes de que Abraham naciera, Yo Soy!"* Juan 8:58 (NTV)

Ahora bien, ninguna criatura puede tener evidencia conclusiva de la verdad de que Él es Jehová. Por tanto, Él tiene que dar testimonio de Sí mismo y ese testimonio fue confirmado por el Padre y por el Espíritu Santo. Ya que, por revelación del Espíritu, el profeta Isaías dice que Cristo es el Padre Eterno. Isaías 9:6; y aludiendo a esta verdad, el apóstol Pablo en el Nuevo Testamento, afirma lo siguiente: *"Él es antes de todas las cosas y todas las cosas en él subsisten"*. Colosenses 1:17 (RVR 1960)

Por lo que a través de estos pasajes, queda claramente expuesto que Cristo existió antes que nada fuese creado. Por ende, Él es eterno y es increado.

Inmutabilidad: La inmutabilidad de la Deidad, también se le atribuye a Cristo. Cuando Jehová anuncia: "Yo soy el Señor y no cambio". (Ver Malaquias 3:6) afirma esto solo con respecto a la Divinidad, mientras que todo lo demás está sujeto a cambio. Por lo cual, resulta ser sumamente significativo que esto también se haya dicho con respecto a la persona de Cristo:

*"Señor, en el principio echaste los cimientos de la tierra y con tus manos formaste los cielos. Ellos dejaran de existir, pero tú **permaneces para siempre"**.* Hebreos 1:10-11

(RVR 1960)

Omnisciencia: De nuevo, estamos frente a otro de los atributos que solo le corresponde a la Deidad, y en muchos ejemplos, tanto directa como indirectamente se nos dice que esta competencia ilimitada, le corresponde tanto a Jehová como al Señor Jesucristo, como es el caso de los siguientes pasajes:

> *La inmutabilidad de la Deidad, también se le atribuye a Cristo. Cuando Jehová anuncia: "Yo soy el Señor y no cambio".*

*"Yo Jehová que **escudriño la mente, que pruebo el corazón** para dar a cada uno según su camino, según el fruto de sus obras".* Jeremias 17:10 (RVR 1960) mientras que acerca de Jesús, el apóstol Juan nos dice lo siguiente: *"Y no tenía necesidad de que nadie le diera testimonio acerca del hombre **porque él sabía lo que había en el hombre".*** Juan 2:25 (RVR 1960)

Algunas Evidencias de Sus Obras como parte de la Deidad:

Creación: Hay cuatro declaraciones directas en el Nuevo Testamento que afirman que Cristo, creó todas las cosas y son las siguientes:

1) *"Todas las cosas **por él fueron hechas; y sin él,***

nada de lo que ha sido hecho, fue hecho". Juan
1:3 (RVR 1960)

Por lo que conforme a este pasaje, en el sentido posi-
tivo, todas las cosas fueron hechas por Él; y en el sentido negativo, sin Él nada de lo que ha sido hecho, fue
hecho.

2) *"En el mundo estaba, y **el mundo por él fue hecho;**
pero el mundo no le conoció".* Juan 1:10 (RVR 1960)

En este pasaje, nueva vez podemos ver de manera in-
eludible, que Jesús estaba en el mundo que Él mismo
creó.

3) *"Porque en él fueron creadas todas las cosas, las que
hay en los cielos y las que hay en la tierra, visibles e
invisibles; sean tronos, sean dominios, sean principados, sean potestades; **todo fue creado por medio
de él y para los propósitos de él".*** Colosenses 1:16
(RVR 1960)

En esta parte del texto, claramente se nos dice que
Cristo no solo es el Creador, sino el Objeto de toda la
creación, porque todo fue creado por Él y para los propósitos de Él.

4) *"Y tú, oh Señor, en el **principio fundaste la tierra,
y los cielos son obra de tus manos".*** Hebreos
1:10 (RVR 1960)

Este pasaje sirve para sellar todos los anteriores, y a la luz de estas escrituras, nadie podría negar que Cristo es el Creador de todas las cosas. Si Él crea, Él es Dios; si Él es Dios, Él ha existido como Dios eternamente.

Otras Acciones Mostradas en la Palabra, Acerca de Cristo:

Preservación: El que creó este vasto universo, también lo sustenta y lo preserva; y todo esto se le atribuye a Cristo. Tal como lo expresa la carta a los Hebreos, diciendo que Cristo *"Sustenta todas las cosas con la palabra de su poder".* Hebreos 1:3

De forma similar, el apóstol Pablo afirma que *"Él es antes de todas las cosas y **todas las cosas en el subsisten"**.* Colosenses. 1:17 (RVR 1960)

Perdón de pecados: Nadie en la tierra tiene autoridad ni derecho de perdonar pecados. Nadie puede perdonarlos, excepto Aquel contra quien todos han pecado. En este punto es importante resaltar que cuando Cristo perdonó pecados, los perdonó verdaderamente y sin necesidad de tener una prerrogativa humana. Ahora bien, la Biblia dice que Jehová es el único que borra las rebeliones; y de Cristo

> *Cristo es el Creador de todas las cosas. Si Él crea, Él es Dios; si Él es Dios, Él ha existido como Dios eternamente.*

se dice: *"A este, Dios ha exaltado con su diestra por Príncipe y Salvador para dar a Israel arrepentimiento y **perdón de pecados**"*. Hechos 5:31 (RVR 1960)

Todo el juicio: En vista de la verdad de que sentarse en juicio, es la más alta función de un gobernante, es muy significativo que la Biblia diga que todo el juicio se ha entregado al Hijo. Ya que para tal ejercicio de autoridad y poder, el Juez tiene que conocer los secretos de todos los corazones y la historia de toda criatura; mientras que además tiene que ser el Justo, que mantiene todas las normas de su justo gobierno. Acerca de esto, el Salmo 9:7-8 dice, con respecto a Jehová: *"Pero Jehová permanecerá para siempre; ha dispuesto su trono para juicio. **El juzgará al mundo con justicia**, y a los pueblos con rectitud"*.

Mientras que con referencia a la Persona de Cristo, en el Nuevo Testamento se nos dice: ***"El Padre a nadie juzga, sino que todo el juicio dio al Hijo"***. Juan 5:22 (RVR 1960)

PUNTOS A RECORDAR:

1. La evidencia de los atributos de Cristo con relación al Padre, es notoria en toda la Biblia.

2. Si bien es cierto que a través de los tiempos han podido señalarse millones de edades, no menos cierto es que no hay ninguna multiplicación de éstas que pueda calificarse como eternidad.

3. Cristo existió antes que nada fuese creado. Por tanto, Él es increado y es eterno.

4. Cristo no solo es el Creador, sino el Objeto de toda la creación. Porque todo fue creado por Él y para los propósitos de Él.

5. Nadie en la tierra tiene autoridad ni derecho de perdonar pecados. Nadie puede perdonarlos, excepto Aquel contra quien todos han pecado.

Capítulo 5

SU MANIFESTACIÓN EN EL ANTIGUO TESTAMENTO

"En sus días será salvo Judá, e Israel habitará confiado; y este será su nombre con el cual le llamarán: Jehová, justicia nuestra".
Jeremias 23:6 (RVR 1960)

SU MANIFESTACIÓN EN EL ANTIGUO TESTAMENTO

*C*omo ya hemos podido ver, muchas son las evidencias de que el Mesías predicho en el Antiguo Testamento, es el mismo Jehová. Pero además, es importante que observemos que dentro del misterio de la Trinidad, Jehová y el Mesías son dos Personas separadas, tal como observamos en los pasajes siguientes:

En Salmos 2:2 dice que los reyes y los príncipes de la tierra *"Consultaran unidos **contra Jehová y contra su ungido"***. (Aquí la traducción para ungido es Mesías).

Jeremias 23:5-6 dice: *"He aquí vienen días, **dice Jehová**, en que levantaré a David renuevo justo, y reinará como Rey, el cual será dichoso, y hará juicio y justicia en la tierra. En sus días será salvo Judá, e Israel habitará confiado; y este será **su nombre** con el cual le llamaran: **Jehová justicia nuestra"**.

Además de esto, el mismo profeta también registra: *"He aquí vienen días, dice Jehová, en que yo confirmaré la buena palabra que he hablado a la casa de Israel y a la casa de Judá. En aquellos días y en aquel tiempo haré brotar a David un Renuevo de justicia, y hará juicio y justicia en la tierra. En aquellos días Judá será salvo, y Jerusalén habitará segura, y se le llamará: **Jehová, justicia nuestra.** Porque así ha dicho Jehová: No faltará a David varón que se siente sobre el trono de la casa de Israel".* Jeremias 33:14-17 (RVR 1960)

Como podemos observar en esta profecía, el Renuevo o Hijo de David, cumplirá la promesa de parte de Dios, en base a que a David nunca le faltará alguien que se siente sobre el trono. Ya que la línea de herederos del reino, es legítima y continúa desde David hasta Cristo, y no será necesario que se levante otro Rey porque acerca del reino de Cristo, se dice que es de "dominio eterno"; tal como lo expresa Daniel 7:14 *"Y le fue dado dominio, gloria y reino para que todos los pueblos, naciones y lenguas le sirvieran; **su dominio es dominio eterno**, que nunca pasará, y su reino uno que no será destruido".*

De manera que dando cumplimiento a esta profecía, en la anunciación del nacimiento del Mesías, el ángel le dijo a María que su hijo sería llamado *"Hijo del Altísimo" y que "el Señor Dios le dará el trono de David su Padre; y **reinará sobre la casa de Jacob para siempre"**.* (Ver. Lucas 1:31-35).

Este Hijo, puesto que no tiene padre humano, es el Hijo de

Dios. Por tanto, a través de esto, una vez más queda demostrado con evidencias basadas en el Texto Sagrado, que Jesucristo el Señor, es Jehová.

Cristo como el Ángel de Jehová en el Antiguo Testamento:

Dando continuidad a lo antes dicho, procedamos a observar una de las pruebas más fidedignas de la manifestación de Cristo en el Antiguo Testamento, la cual se halla en la verdad de que Él es el Ángel de Jehová, cuyas diversas apariciones se relatan en varias ocasiones en el Antiguo Testamento; y dichas apariciones se conocen como teofanía.

Se entiende por teofanía, a la manifestación de Dios en forma corporal y visible antes de la encarnación de Jesucristo. A las demás manifestaciones de la gloria de Dios, no se les considera ser teofanías.

Las teofanías, son principalmente apariciones del Ángel de Jehová, el cual es muy distinto a los demás ángeles que menciona la Biblia, ya que se identifica con Jehová, y así lo revela el estudio de los pasajes que se refieren al Ángel de Jehová en el Antiguo Testamento, tal como lo vemos en el libro de Génesis, cuando se le apareció a la esclava de Sara, llamada Agar:

"Y la halló el ángel de Jehová junto a una fuente de agua en el desierto, junto a la fuente que está en el camino de Shur. Y le dijo: Agar, sierva de Sarai, ¿de dónde vienes tú, y a dónde vas? Y ella respondió: Huyo de delante de Sarai mi señora.

*Y le dijo el ángel de Jehová: Vuélvete a tu señora, y ponte sumisa bajo su mano. Le dijo también el ángel de Jehová: Multiplicaré tanto tu descendencia, que no podrá ser contada a causa de la multitud. Además le dijo el ángel de Jehová: He aquí que has concebido, y darás a luz un hijo, y llamarás su nombre Ismael, porque Jehová ha oído tu aflicción. Y él será hombre fiero; su mano será contra todos, y la mano de todos contra él, y delante de todos sus hermanos habitará. Entonces llamó el nombre de Jehová que con ella hablaba: **Tú eres Dios que ve**; porque dijo: ¿No he visto también aquí al que me ve?".* Gen. 16:7-13 (RVR 1960)

Existen cuatro clases de evidencias específicas que prueban que Cristo es el Ángel de Jehová:

1) La segunda Persona de la Trinidad, es el Dios visible del Nuevo Testamento:

Cuando acudimos al Nuevo Testamento, descubrimos que la segunda persona de la Trinidad es el Dios encarnado, que posee cuerpo humano y es visible ante todos.

Por ejemplo, en Mateo 3:16-17 dice que mientras la voz del Padre se oye desde el cielo, y al Espíritu Santo se le ve descender en forma de paloma, Cristo, la segunda Persona (el Hijo certificado por el Padre) es la manifestación de Dios en forma visible. De manera que resulta ser absolutamente coherente que la misma persona de la Trinidad, que es visible en el Nuevo Testamento, fuera la persona escogida para que apareciera en la forma de Ángel de Jehová, en el Antiguo Testamento.

2) El Ángel de Jehová del Antiguo Testamento no aparece después de la encarnación de Cristo:

El Ángel de Jehová, es sumamente activo en todo el periodo del Antiguo Testamento. Aparece a mucha gente ampliamente separada, en cuanto a tiempo y espacio. Mientras

> *La segunda persona de la Trinidad es el Dios encarnado, que posee cuerpo humano y es visible ante todos.*

que en el Nuevo Testamento, aunque hay referencias de ángeles como tales, no hay ni un solo ejemplo en el que aparezca el Ángel de Jehová. Por lo que naturalmente se deduce que aparece como el Cristo encarnado, en el Nuevo Testamento.

3) Tanto el Ángel de Jehová como Cristo, son enviados por el Padre:

El Antiguo Testamento, revela que el Ángel de Jehová era enviado por Jehová para revelar la verdad, para dirigir a Israel, para defenderlo y para juzgarlo. En el Nuevo Testamento, Cristo es enviado por Dios para revelar a Dios en carne, para manifestar la verdad y para Salvar a la humanidad pérdida.

En la naturaleza de la Trinidad, el Padre es el que envía al Hijo y al Espíritu Santo. La primera Persona de la Trinidad, nunca se envía a Sí mismo.

El carácter similar del ministerio del Ángel de Jehová con el de Cristo, sirven para identificarlos a ambos; tanto en el Antiguo, como en el Nuevo Testamento.

4) El Ángel de Jehová no pudiera ser el Padre ni el Espíritu Santo:

A través del estudio focalizado de este tema, se puede demostrar que el Ángel de Jehová es la segunda Persona de la Trinidad en el Nuevo Testamento, tal como lo expresa el apóstol Juan, diciendo: *"A Dios nadie le vio jamás; sino que el unigénito Hijo, que está en el seno del Padre, **le ha dado a conocer"**.* Juan 1:18 (RVR 1960)

Este versículo afirma en efecto, que solamente Cristo ha sido visible a los hombres, puesto que nadie puede ver a Dios el Padre ni al Espíritu Santo en su gloria. Como el Ángel de Jehová es el Enviado, no podía ser el Padre, quien es la primera Persona. Asimismo, como el Ángel de Jehová es Dios en forma corporal, no podía ser el Espíritu Santo; ya que en el Espíritu Santo está siempre el atributo de la inmaterialidad, y con excepción de su manifestación en forma de paloma, su ministerio nunca se caracteriza por atributos físicos.

En ese mismo orden, es importante recordar que en varios de los pasajes bíblicos que hemos considerado hasta el momento, no solo se presenta a Cristo como el Creador, sino que hasta donde la lengua puede expresar el pensamiento, se declara que ha existido desde la eternidad. En virtud de lo cual, por causa de un profundo misterio que no alcanzamos a comprender, "El Logos" que estaba con Dios como Persona, era Dios juntamente con Él. Por esta razón Jesús no es otro, sino Dios mismo.

"Jesús les dijo: *De cierto, de cierto os digo: Antes que Abraham fuese, Yo Soy. Tomaron entonces piedras para arrojárselas; pero Jesús se escondió y salió del templo; y atravesando por el medio de ellos se fue".* Juan 8:58-59 (RVR 1960)

Este pasaje, es uno de los varios en los que Jesús hace referencia a su divinidad y los judíos entendieron esto. Por esta causa, tomaron piedras para lanzarle pero no pudieron hacerle daño porque aún no había llegado el momento. Sin embargo, en otro escenario parecido a este, los judíos que procuraban dar muerte a Jesús, explican la causa de su molestia diciendo: *"... Por buena obra no te apedreamos, sino por la blasfemia; porque tú siendo hombre, **te haces Dios**".* Juan 10:33 (RVR 1960)

Por último, observemos lo que además revela Jesús, en la oración hecha al Padre a favor de sus discípulos: *"Ahora pues Padre, glorifícame tú para contigo, **con aquella gloria que tuve contigo antes de que el mundo fuese"**.* Juan 17:5 (RVR 1960)

En este versículo, se presentan tres puntos importantes, que son los siguientes:

1. Jesús como Hijo, tenía gloria con el Padre antes de la creación.

69

2. Él se despojó de esa gloria para convertirse en siervo.

3. Él ha vivido en la tierra de tal modo que el Padre ha sido glorificado, por ende pudo reclamar la gloria que tenía antes de ser encarnado.

En cuanto a este pasaje además, el muy destacado pastor y maestro R. Govett, señala lo siguiente: *"Ni Dios ni su hijo comenzaron ser. El mundo si comenzó a ser"*.

"Haya, pues, en vosotros este mismo sentir que hubo también en Cristo Jesús, **el cual siendo en forma de Dios, no escatimo el ser igual a Dios como cosa a que aferrarse**, *sino que se despojo asimismo, tomando forma de siervo hecho semejante a los hombres; y estando en la condición de hombre se humillo asimismo haciéndose obediente hasta la muerte y muerte de Cruz".* Filipenses 2:5-8 (RVR 1960)

"Ni Dios ni su hijo comenzaron ser. El mundo si comenzó a ser.

Luego de haber observado todas estas evidencias bíblicas acerca de la Deidad de la segunda Persona de la Trinidad, solo nos resta decir que únicamente la más obstinada incredulidad, puede rechazar el nivel de revelación contenido en cada uno de estos pasajes.

PUNTOS A RECORDAR:

1. La línea de herederos del reino, es legítima y continua desde David hasta Cristo, y no será necesario que se levante otro Rey porque acerca del reino de Cristo, se dice que es de "dominio eterno".

2. Se entiende por teofanía, a la manifestación de Dios en forma corporal y visible, antes de la encarnación de Jesucristo.

3. En el Nuevo Testamento, Cristo es enviado por Dios para revelar a Dios en carne, para manifestar la verdad y para Salvar a la humanidad pérdida.

4. A excepción de su manifestación en forma de Paloma, en el libro de Mateo capitulo tres, en el Espíritu Santo esta siempre el atributo de la inmaterialidad, y su ministerio nunca se caracteriza por atributos físicos.

5. Por causa de un profundo misterio que no alcanzamos a comprender, "El Logos" que estaba con Dios como Persona, era Dios juntamente con Él. Por lo que Jesús no es otro, sino Dios mismo.

Capítulo 6

PROFECÍA ACERCA DE SU ADVENIMIENTO

"Alégrate mucho, hija de Sion; da voces de júbilo, hija de Jerusalén, he aquí tu rey vendrá a ti, justo y salvador, humilde, y cabalgando sobre un asno".
Zacarías 9:9 (RVR 1960)

PROFECÍA ACERCA DE SU ADVENIMIENTO

*C*on la excepción de Juan 3:16, es imposible que ningún otro versículo en la Biblia, sea más crucial y definitivo que Génesis 3:15, donde luego de la caída del hombre, el Señor le habla a la serpiente diciendo: "Y pondré enemistad entre ti y la mujer, y entre tu simiente y la simiente suya; ésta te herirá en la cabeza, y tú le herirás en el calcañar". Genesis 3:15 (RVR 1960)

Al observar este pasaje, es importante recordar lo que en algún momento escribió el erudito Alec Motyer: *"Toda la Escritura no puede estar concentrada en cada versículo, pero si podemos leer las Escrituras con la confianza de que cada versículo va a contribuir a darle sentido en su totalidad".* Y esto es exactamente lo que ocurre en Génesis 3:15 pasaje en el que definitivamente se encuentran varios elementos importantes, acerca del mensaje central de toda la Biblia, como son los siguientes:

En primer orden, se establece un principio que vemos a lo largo de todo el Antiguo Testamento, creando la expectación del Redentor, quien habría de venir de la simiente de Adán y Eva. Es por esto que Eva, de forma prematura y equivocada pensó que esa promesa se cumpliría en su primogénito Caín. A esto hace referencia el pasaje de Génesis 4:1 al decir: *"Y conoció Adán a su mujer Eva, la cual concibió y dio a luz a Caín, y dijo: Por **voluntad de Jehová** he adquirido varón"*.

Igualmente, haciendo eco deliberado a este pensamiento, cuando Dios hace el pacto con el patriarca Abraham, hace mención de forma recurrente al término "simiente" en diferentes ocasiones, como la siguiente: *"De cierto te bendeciré, y multiplicaré tu descendencia como las estrellas del cielo y como la arena que está a la orilla del mar; y tu descendencia poseerá las puertas de sus enemigos. En **tu simiente** serán benditas todas las naciones de la tierra, por cuanto obedeciste a mi voz"*. Génesis 22:17-18 (RVR 1960)

Al leer pasajes como éstos, ningún estudioso apasionado de la Biblia puede dejar de observar que Dios está plasmando en su pacto con Abraham, algo que tiene su raíz en la promesa dada en el Edén a Eva, específicamente en el pasaje de Génesis 3:15.

Por otro lado, cuando María descubre que ella está esperando un bebé, acerca de su futuro hijo, el ángel Gabriel le anuncia: *"Este será grande y **será llamado Hijo del Altísimo**, y el Señor Dios le dará el trono de David Su padre."* Lucas 1:32 (RVR 1960) captándose aquí claramente, la frase que con anterioridad fue dicha por Dios a Abraham: *"Y haré de ti una nación grande, y te ben-*

deciré, y engrandeceré tu nombre, y serás bendición". Genesis 12:2 (RVR 1960)

Ahora bien, en este punto es importante destacar que esta no es la única profecía que menciona la Biblia acerca del advenimiento del Mesías, sino que hay muchas otras, como las que podemos observar a continuación:

*"Alégrate mucho, hija de Sion; da voces de júbilo, hija de Jerusalén, he aquí **tu rey vendrá a ti**, justo y salvador, humilde, y cabalgando sobre un asno, sobre un pollino hijo de asna"*. Zacarías 9:9 (RVR 1960)

*"Porque perros me han rodeado; me ha cercado cuadrilla de malignos; **horadaron mis manos y mis pies**. Contar puedo todos mis huesos; entre tanto, ellos me miran y me observan. **Repartieron entre sí mis vestidos, y sobre mi ropa echaron suertes**"*. Salmos 22:16-18 (RVR 1960)

*"Despreciado y desechado entre los hombres, varón de dolores, experimentado en quebranto; y como que escondimos de él el rostro, fue menospreciado, y no lo estimamos. Ciertamente él llevó nuestras enfermedades, y sufrió nuestros dolores; y nosotros le tuvimos por azotado, por herido de Dios y abatido. **Más él herido fue por nuestras rebeliones, molido por nuestros pecados**; el castigo de nuestra paz fue sobre él, y por su llaga fuimos*

> *Ciertamente él llevó nuestras enfermedades, y sufrió nuestros dolores.*

77

nosotros curados". Isaías 53:3-5 (RVR 1960)

Y aunque ciertamente, Jesús vino a la tierra con el propósito de dar su vida en rescate por muchos; Su obediencia, Sus padecimientos y Su muerte, dieron cumplimiento cabal a la promesa que el Señor había dado a la serpiente en Genesis 3:15 *"Haré que tú y la mujer, sean enemigas; pondré enemistad entre sus descendientes y los tuyos. Un **hijo suyo te aplastará la cabeza**, y tú le morderás el talón"*. (TLA)

PUNTOS A RECORDAR:

1. Con la excepción de Juan 3:16, es imposible que ningún otro versículo en la Biblia sea más crucial y definitivo que Génesis 3:15.

2. Toda la Escritura no puede estar concentrada en cada versículo, pero sí podemos leer las Escrituras con la confianza de que cada versículo va a contribuir a darle sentido en su totalidad.

3. Eva, de forma prematura y equivocada, pensó que la promesa que el Señor le dio en Genesis 3:15 se cumpliría en su primogénito Caín, pero no fue asi.

4. En su pacto con Abraham, Dios plasmó lo que había prometido acerca de la simiente.

5. Aunque ciertamente, Jesús vino a la tierra con el propósito de dar su vida en rescate por muchos; Su obediencia, Sus padecimientos y Su muerte dieron cumplimiento cabal a la promesa que el Señor había dado a la serpiente.

Capítulo 7

RELEVANCIA DE LA HUMANIDAD DE JESÚS

"Porque Cristo murió por los pecados una vez por todas, el justo por los injustos, a fin de llevarlos a ustedes a Dios".
I Pedro 3:18 (RVR 1960)

RELEVANCIA DE LA HUMANIDAD DE JESÚS

*A*sí como comprender la Deidad de Cristo es importante, también lo es que conozcamos la esencia de Su humanidad.

Jesús nació como un ser humano, mientras aún seguía siendo totalmente divino. El concepto de la humanidad de Jesús, coexistiendo con Su Deidad, es difícil de comprender para la mente limitada del hombre. No obstante, la naturaleza de Jesús, siendo completamente hombre y completamente Dios, es un hecho y una verdad sustentada, a través de todo el Texto Sagrado.

Sin embargo, a pesar de esto hay quienes rechazan estas verdades bíblicas y creen que Jesús era hombre, pero no Dios; mientras que otros opinan que era Dios, pero no hombre. En cuanto a tales argumentos, está de más decir que ambos puntos de vista son falsos y antibíblicos, ya que Jesús se manifestó a la raza humana siendo cien por ciento Dios y cien por ciento hombre, como también pudimos verlo en el contenido de capítulos anteriores.

Ahora bien, ¿Por qué fue necesario que naciera Jesucristo? Jesús tuvo que nacer como un ser humano por varias razones, siendo una de éstas la señalada en Gálatas 4:4-5 donde el apóstol Pablo, expresa lo siguiente: *"Pero cuando vino el cumplimiento del tiempo, Dios envió a su Hijo, nacido de mujer y nacido bajo la ley, **para que redimiese a los que estaban bajo la ley**, a fin de que recibiésemos la adopción de hijos"*.

En primer orden, Jesús tenía que nacer para redimir a los que estaban bajo la ley, a fin de que recibiésemos la adopción de hijos de Dios. Ya que para que un "ser" pudiera cumplir con la ley, era necesario que fuera "nacido bajo la ley" porque ninguno de los animales o seres angelicales está "bajo la ley". Sólo los seres humanos han nacido bajo la ley y sólo un ser humano podía redimir a otros seres humanos nacidos bajo la misma ley.

> *Jesús se manifestó a la raza humana siendo cien por ciento Dios y cien por ciento hombre.*

Ahora bien, es necesario entender que bajo la ley de Dios, todos los seres humanos son culpables de transgredir esa ley. *"Por cuanto **todos pecaron**, y están destituidos de la gloria de Dios..."* Romanos 3:23 (RVR 1960)

Pero hubo uno que pagó el precio, viviendo de forma perfecta y guardando todos los aspectos de la ley, para con su justicia, borrar nuestra injusticia delante de Dios nuestro Creador.

*"Siendo justificados gratuitamente por su gracia, mediante la redención que es en Cristo Jesús, a quien Dios puso como propiciación por medio de la fe en su sangre, para manifestar su justicia, a causa de haber pasado por alto, en su paciencia, los pecados pasados, con la mira de manifestar en este tiempo su justicia, **a fin de que él sea el justo, y el que justifica al que es de la fe de Jesús**".* Romanos 3:24-26 (RVR 1960)

Es decir, Jesús obtuvo nuestra redención en la Cruz, intercambiando nuestro pecado por su perfecta justicia. Tal cómo lo expresa el apóstol Pablo en 2 Corintios 5:21 diciendo: *"Al que no conoció pecado, **por nosotros lo hizo pecado, para que nosotros fuésemos hechos justicia de Dios en él"**.*

Otra razón por la que Jesús tuvo que ser plenamente humano, es porque Dios estableció la necesidad del derramamiento de sangre para la remisión de los pecados, tal como lo expresa Levítico 17:11 diciendo: *"Porque la **vida de la carne en la sangre está**, y yo os la he dado para hacer expiación sobre el altar por vuestras almas; y la misma sangre hará expiación de la persona".*

> *Jesús obtuvo nuestra redención en la Cruz, intercambiando nuestro pecado por su perfecta justicia.*

"Porque sin derramamiento de sangre no hay perdón de pecados". Hebreos 9:22 (NTV)

En este punto, es importante aclarar que la sangre de los ani-males, aunque fue aceptable de manera temporal como un anuncio de la sangre de nuestro Perfecto Redentor Jesucristo, era insuficiente para la remisión definitiva del pecado *"Por-que la sangre de los toros y de los machos cabríos no puede quitar los pecados"*. (Ver Hebreos 10:4). Pero Jesucristo, el perfecto Cordero de Dios, sacrificó su vida hu-mana y derramó su sangre humana para cubrir los pecados de todos los seres humanos que llegarían a creer en Dios, a través de Él.

Si Jesús no hubiese nacido como humano y no hubiese dado su vida en rescate por la humanidad, el hecho de nosotros ser reconciliados con nuestro Creador, hubiese sido absolu-tamente imposible.

Además de esto, el que haya existido como humano, permite que Jesús pueda relacionarse con nosotros de manera que ni los ángeles ni los animales pueden hacerlo.

"Porque no tenemos un sumo sacerdote que no pue-da compadecerse de nuestras debilidades, sino uno que fue tentado en todo según nuestra semejanza, pero sin pecado". Hebreos 4:15 (RVR 1960).

Sólo un ser humano podría compadecerse de nuestras debili-dades y tentaciones; y en su humanidad, Jesús fue sometido a toda clase de pruebas, entre las que están las que nosotros pasamos y otras mucho mayores a las que podamos llegar a imaginar. Por tanto, Él es capaz de ayudarnos, sustentarnos y comprendernos en nuestras debilidades. Ya que por amor a

nosotros, fue tentado, perseguido, despreciado, afligido, traicionado, escupido, sufrió dolor emocional y físico, se sintió
triste, solo, lo traicionaron, lo calumniaron, se burlaron de Él
y soportó los dolores de una muerte cruel y prolongada. De
hecho, en términos reales no hay manera de que nuestro nivel de comprensión y entendimiento pueda tener la comple-
ta apreciación de todo lo que tuvo que experimentar nuestro
amado Señor y Salvador Jesucristo. Pero de algo sí estamos
convencidos: sólo un ser humano podría experimentar todas
estas cosas, sin pecar, sin contraatacar, sin evadir, sin tomar
a atajos, sin doblarse y sin menguar; y precisamente, por
haber pasado y soportado todo esto de forma tan magistral,
Jesús es el Mediador perfecto que puede entendernos completamente, por causa de las experiencias que a Él también le
tocó experimentar.

PUNTOS A RECORDAR:

1. Así como comprender la Deidad de Cristo es importante, también lo es que conozcamos la esencia de su humanidad.

2. La naturaleza de Jesús, siendo completamente hombre y completamente Dios, es un hecho y una verdad sustentada a través de todo el Texto Sagrado.

3. Jesús tenía que nacer para redimir a los que estaban bajo la ley, a fin de que recibiésemos la adopción de hijos de Dios.

4. La sangre de los animales, aunque fue aceptable de manera temporal como un anuncio de la sangre de nuestro Perfecto Redentor Jesucristo, era insuficiente para la remisión definitiva del pecado.

5. Si Jesús no hubiese nacido como humano y no hubiese dado su vida en rescate por la humanidad, el hecho de nosotros ser reconciliados con nuestro Creador, hubiese sido absolutamente imposible.

SEGUNDA PARTE
EL MODO COMO VIVIÓ CRISTO

Capítulo 8

SU CARÁCTER Y DETERMINACIÓN

"En la casa de mi Padre me es necesario estar". Lucas 2:49

SU CARÁCTER Y DETERMINACIÓN

*E*l término carácter viene de la palabra griega "kharakter" cuyo significado es "el que graba", esto debido a que en la antigüedad, el término era utilizado para describir al que tenía por oficio hacer estatuas. Pues según su raíz, la definición de "carácter" hace alusión a estabilidad, firmeza y al hecho de ser predecible.

Debido a esto, también se reconoce como carácter a cinco elementos específicos que son los siguientes: una letra, un número, un signo de puntuación, una estatua y un principio. Por dicha causa, se entiende que toda persona que porta un carácter sólido es estable, firme y predecible; que es la misma en un lugar u otro, a una hora o a otra; sin importar la condición ni la circunstancia en la que se encuentre. Y aunque esté haciendo actividades distintas, cualquier cosa que haga, la hará siempre teniendo como base sus valores y principios.

Ahora bien, luego de haber establecido la definición de lo que es el carácter, observemos el modo como Jesús, fue nuestro modelo perfecto en todas las esferas de la vida, incluyendo la manifestación de un carácter firme y sólido.

*"Los padres de Jesús iban todos los años a Jerusalén, a celebrar **la fiesta de la Pascua. Cuando el niño cumplió doce años**, **subieron juntos a la fiesta, como tenían por costumbre.** Una vez terminada la fiesta, emprendieron el regreso a Nazaret, pero Jesús se quedó en Jerusalén. Al principio, sus padres no se dieron cuenta, porque creyeron que estaba entre los otros viajeros; pero cuando se hizo de noche y no aparecía, comenzaron a buscarlo entre sus parientes y amigos. Pero al no hallarlo, regresaron a Jerusalén para buscarlo allí.*

*Tres días después, por fin lo encontraron en el templo, sentado entre los maestros religiosos, escuchándolos y haciéndoles preguntas. Todos los que lo oían quedaban asombrados de su entendimiento y de sus respuestas. Sus padres al verlo se quedaron atónitos; y su madre le dijo: —Hijo, ¿por qué nos has hecho esto? Tu padre y yo hemos estado **desesperados buscándote por todas partes.** ¿Pero por qué tuvieron que buscarme? les preguntó Jesús ¿No sabían que en la casa de mi Padre me es necesario estar? Pero ellos no entendieron lo que les quiso decir"*. Lucas 2:41-50 (NTV)

El acontecimiento que acabamos de leer, es el único que se registra acerca de la niñez de Jesús. De hecho, de los cuatro evangelistas, Lucas es el único que lo menciona. Y en dicha mención, registra el viaje de Jesús a Jerusalén junto a sus padres, para celebrar la fiesta de la pascua cuando apenas tenía doce años; obedeciendo a la ley que establecía que todo judío varón, mayor de doce años, estaba obligado a asistir a Jerusalén tres veces al año, tal como lo expresa el libro de Deuteronomio:

*"Hay tres fiestas anuales, a las que **no debe faltar ningún varón mayor de doce años**: la fiesta de la Pascua, la fiesta de la cosecha (Pentecostés) y la fiesta de las enramadas (La de los Tabernáculos)".* Deuteronomio 16:16 (TLA)

Las tres fiestas mencionadas en este pasaje, son de suma importancia y su significado es de valor incalculable para el pueblo judío, pero en este escrito haremos mención solo de la fiesta observada en Lucas 2:41-50, que es la de La Pascua, y aunque la veremos en detalle más adelante, en este punto es importante recordar que se trataba de una celebración anual que hacían los judíos, para conmemorar el modo como Dios los liberto del cautiverio que vivieron en la tierra de Egipto.

Instrucciones tocantes a la celebración de La Pascua:

El lugar para la celebración de esta fiesta, siempre estuvo señalado por el Señor. Mientras existió el tabernáculo, se observó en cualquier parte que éste se hallara; y cuando el tabernáculo fue reemplazado por el templo, el lugar señalado para celebrarla, fue Jerusalén.

En cuanto a la institución de esta fiesta, Moisés dijo al pueblo: *"Cuando entren en la tierra que el Señor ha prometido darles, seguirán celebrando esta ceremonia. Entonces sus hijos preguntarán: "¿Qué significa esta ceremonia?" Y us-*

95

tedes contestarán: "Es el sacrificio de la Pascua del Señor, porque él pasó de largo las casas de los israelitas en Egipto. Y aunque hirió de muerte a los egipcios, salvó a nuestras familias". Éxodo 12:25-27 (NTV)

Luego de tener una apreciación general sobre la fiesta a la que Jesús asistió con sus padres, teniendo la edad de tan solo doce años, volvamos a observar lo que nos dice al respecto, el libro de Lucas:

*"Los padres de Jesús iban todos los años a Jerusalén, a celebrar **la fiesta de la Pascua. Cuando el niño cumplió doce años, subieron juntos a la fiesta, como tenían por costumbre.** Una vez terminada la fiesta, emprendieron el regreso a Nazaret, pero Jesús se quedó en Jerusalén. Al principio, sus padres no se dieron cuenta, porque creyeron que estaba entre los otros viajeros; pero cuando se hizo de noche y no aparecía, comenzaron a buscarlo entre sus parientes y amigos. Pero al no hallarlo, regresaron a Jerusalén para buscarlo allí.*

*Tres días después, por fin lo encontraron en el templo, sentado entre los maestros religiosos, escuchándolos y haciéndoles preguntas. Todos los que lo oían quedaban asombrados de su entendimiento y de sus respuestas. Sus padres al verlo, se quedaron atónitos; y su madre le dijo: Hijo, ¿por qué nos has hecho o esto? Tu padre y yo hemos estado **desesperados buscándote por todas partes.** ¿Pero por qué tuvieron que buscarme? les preguntó Jesús ¿No sabían que en la casa de mi Padre me es necesario estar? Pero ellos no entendieron lo que les quiso decir".* Lucas 2:41-50 (NTV)

Al observar de modo detallado este pasaje, son varios los puntos que debemos considerar, como son los siguientes:

➤ Era común que luego de la celebración de la Pascua, los miembros del Sanedrín (cuya misión era administrar justicia interpretando y aplicando la ley sagrada) se reunieran en los atrios del templo para discutir cuestiones teológicas, en presencia de todos los que quisieran escuchar; y fue allí donde los padres de Jesús, le encontraron.

➤ Para ese momento, aunque Jesús era un niño, sabía muy bien cuál era su cometido. De hecho, la forma como se maneja en este determinado relato, hace que la mayoría de comentaristas opinen que es muy posible que para este tiempo, ya Jesús hubiese tenido una experiencia especial con Dios, a través de la que le había sido revelada la asignación especial con la que había nacido.

➤ Fueron cuatro, las expresiones cargadas de revelación y propósito que el pequeño niño Jesús, emitió ante la confrontación de su madre *(Tu padre y yo hemos estado **desesperados buscándote por todas partes**)*.

1) *¿Por qué tuvieron que buscarme?*

2) *No sabían...*

3) *Que en la casa de mi Padre ...*

4) *Me es necesario estar.*

Al expresar estas palabras, Jesús estaba dando a entender a

sus padres terrenales, que Él sabía perfectamente de donde venía, el lugar donde se hallaba y la asignación que le correspondía. Ahora bien, observemos el significado individual que tiene cada una de estas expresiones:

¿Por qué tuvieron que buscarme? Para nadie es un secreto, que cuando sabemos dónde alguien o algo debe estar, no tenemos que angustiarnos buscándolo, sino que podemos ir de manera directa al lugar donde debe estar.

No sabían... Acompañada de la anterior, esta expresión revela que Jesús esperaba que sus padres supieran lo que ya Él sabía. Por causa de esto, a la pregunta de María, Él respondió con otra pregunta que expresa su expectativa acerca de lo que sus padres terrenales, debían saber.

Que en la casa de mi Padre... Esta expresión revela de forma contundente, que comprender aquello para lo cual hemos nacido, también nos hace entender el lugar al que correspondemos.

Me es necesario estar... El término "necesario" utilizado en este pasaje, según el idioma original es "dei" y se traduce como: "conveniente, inevitable, imprescindible y algo que no puede dejar de pasar".

Así que, no podemos dejar de observar el hecho de que Jesús, no dice simplemente que le guste, que quiere o que desea estar en el templo, sino que **le es necesario estar.**

En esta parte del texto, queda revelado que según sea la asignación para la que hayamos sido llamados, consecuentemente también tendremos que llevar a cabo ciertas acciones que no siempre serán comprendidas por otros; y que aunque para algunos solo sean opciones, para nosotros son necesidades adheridas al hecho de dar cumplimiento a nuestro propósito. Por causa de esto, para Jesús no era una opción estar en el templo, sino algo absolutamente necesario, guiado por su asignación y adherido a la misión que había de llevar a cabo.

El carácter de Cristo en este relato:

Al llegar a este punto, debemos notar que los padres de Jesús lo buscaban angustiados porque no sabían dónde Él estaba, y al expresárselo a Jesús, en vez de Él disculparse con ellos, hace el siguiente cuestionamiento: *¿Por qué tuvieron que buscarme? ¿No* sabían que en la casa de mi Padre me es necesario estar?

> *Jesús sabía perfectamente de donde venía, el lugar donde se hallaba y la asignación que le correspondía.*

En otras palabras, Jesús le dice a sus padres: *"Si ustedes hubiesen comprendido el lugar, donde según mi asignación me corresponde estar, no hubiesen tenido que angustiarse buscándome, sino que hubiesen sabido desde el inicio donde encontrarme".*

99

El carácter definitivo que Jesús tenía, lo llevaba a estar donde debía; pero la falta de comprensión de parte de sus padres acerca de dicha necesidad, los llevó a andar angustiados buscándole en lugares por donde, de haberlo comprendido, no hubiesen tenido la necesidad de haber ido.

Ahora bien, en este punto es importante resaltar que esto no siempre es lo que sucede en cuanto al carácter que manifiestan otros, quienes a pesar de lo que dicen ser, al poner en balance sus acciones con sus expresiones, solo hallamos meras incongruencias; y por esta causa, muchos que (según lo que ellos han profesado ser) esperan ver expuesto un modelo de vida acorde con lo que estos, se han autodenominado, piensan que al no estar visibles, tales personas están en el lugar que deben, y haciendo solo las cosas que tienen que hacer. Asi que no "se angustian" cuando dichas personas se suelen "perder", pero su angustia resulta ser un golpe bajo, el día que queda expuesto que tal persona no es aquello, que con palabras profesó ser.

Implicaciones de tener un carácter firme como el de Cristo:

Tener un carácter firme, es tener la capacidad de integrar nuestras creencias y esencia, con nuestra conducta y acciones; es además tener disciplina auto impuesta, que no solo sea efectiva en público, sino especialmente en privado. Porque tiene claro que ningún logro público, podrá ser sustentado por una base privada quebrada.

Si quieres saber qué tan firme es tu carácter, considera el

modo cómo responderías a las siguientes interrogantes:

1. ¿Qué estás haciendo en secreto, que si se sabe en público, tu credibilidad y testimonio pudiera verse afectado?

2. ¿Con cuáles personas te estás relacionando, que en vez ayudarte a crecer, están corrompiendo lo que eres?

3. ¿Cuáles ofertas estás recibiendo, que de tomarlas se verían afectados tus principios?

4. Cuando cedes a alguna oferta, ¿lo haces basado en deseos o en valores y principios?

El modo como enfrentamos la tentación, y lo que hacemos cuando no estamos siendo vistos por otros; revela que tan sólido y firme, es nuestro carácter. Porque nuestro carácter es tan fuerte, como las tentaciones que soportamos sin quebrarnos.

Como personas que buscan agradar a Dios y servir de ejemplo a la vida de otros, una de las cosas que debemos tener como prioridad, es hacer que cada día se forme en nosotros el carácter de Cristo, ya que el ma-

Nuestro carácter es tan fuerte, como las tentaciones que soportamos sin quebrarnos.

yor ejemplo de alguien con un carácter digno de ser imitado, lo tenemos en nuestro Amado Señor y Salvador Jesucristo.

Por tanto, no podemos tomar a la ligera las grietas de nuestro carácter, porque toda grieta no reparada, tarde o temprano traera como consecuencia, el derrumbe.

Tus dones y talentos llegarán tan lejos como te lo permita tu carácter, porque el carácter es el contenedor de tus logros, esfuerzos y metas alcanzadas. Así que ten cuidado, porque cuando se quiebra el contenedor, es imposible que no se eche a perder el contenido que lleva dentro.

El fundamento de la credibilidad, es la integridad. Por tanto, si no has sido una persona veraz, no te enojes si los demás no confían en ti. Simplemente, esfuérzate en reparar tu carácter, para que entonces puedas recuperar la confianza de los demás hacia ti.

> *El fundamento de la credibilidad, es la integridad.*

Finalmente, no olvides que los valores son mejores y más importantes que las reglas, porque los valores vienen desde dentro, pero las reglas son impuestas desde fuera.

PUNTOS A RECORDAR:

1. El término carácter viene de la palabra griega "character" cuyo significado es "el que graba". Esto, debido a que en la antigüedad, el término era utilizado para describir al que tenía por oficio hacer estatuas.

2. Comprender aquello para lo cual hemos nacido, también nos hace entender el lugar al que correspondemos.

3. Tener un carácter firme, es tener la capacidad de integrar nuestras creencias y esencia, con nuestra conducta y acciones.

4. Ningún logro público podrá ser sustentado por una base privada quebrada.

5. La única forma genuina de probar nuestro carácter, es a través de observar modo como enfrentamos la tentación; y la forma como nos comportamos cuando no estamos siendo vistos.

Capítulo 9

SU RESPUESTA ANTE LA TENTACIÓN

"…Y fue llevado por el Espíritu al desierto para ser tentado por el diablo". Mateo 4:4 (RVR 1960)

SU RESPUESTA ANTE LA TENTACIÓN

$\mathcal{L}$a tentación de Jesús, es una parte esencial de su ministerio y en este capítulo la observaremos desde dos perspectivas específicas, que son: la exposición y la aplicación. En la exposición, consideraremos los detalles del texto; y en la aplicación, observaremos algunas enseñanzas prácticas acerca de esta parte tan importante de la vida de Cristo.

Ahora bien, los detalles del texto (la exposición) la dividiremos en tres puntos relacionados con el evento, que son los siguientes:

1. El inicio de la tentación.

2. ¿Cómo surgió la tentación?

3. ¿Cuál es el contexto en el que se da la tentación?

"Entonces Jesús fue llevado por el Espíritu al desierto,

para ser tentado por el diablo. *Y después de haber ayunado cuarenta días y cuarenta noches, tuvo hambre".* Mateo 4:1-2 (RVR 1960)

Dicho esto, lo primero que debemos observar es que este acontecimiento tiene lugar después de Jesús haberse identificado con los creyentes en su bautismo, exactamente en el capítulo anterior; lo que luego de haber hecho, se disponía a identificarse con toda la raza humana, en sus tentaciones. Por lo que debido a la diferencia que existe entre el capítulo tres y el capítulo cuatro, el contraste entre ambos pasajes es impresionante, tal como podemos observarlo a continuación:

En el capítulo tres, vemos la gloria del bautismo de Jesús y el momento en el que Dios el Padre, habló en medio de toda una multitud diciendo: *"Este es mi hijo amado, en el cual tengo complacencia."* Mientras que en el capítulo cuatro, vemos a Jesús, ante el desafío de la tentación. En el capítulo tres, el acontecimiento tuvo lugar en medio de las aguas del Jordán. Mientras que en el capítulo cuatro, tuvo lugar en el desierto desolado, seco y árido de la provincia de Judea. Uno fue realizado frente una gran multitud, el otro en una gran soledad y silencio. El Espíritu Santo vino como paloma sobre Él, en el capítulo tres, mientras que en el cuatro, lo llevó a estar en el desierto para ser tentado por el diablo. En el capítulo tres, hallamos la ternura del Padre, quien le llama "Hijo amado, en el cual me complazco", mientras que en el cuatro, hallamos la crueldad de Satanás, atacando al Hijo de Dios con fuertes tentaciones. En el capítulo tres, Jesús experimentó el agua del bautismo, en el cuatro, el fuego candente del desierto. En el capítulo tres, se abrieron las puertas de los cielos, en el cuatro, se abrieron las puertas del infierno.

Por estas y otras razones más, el contraste no podía ser mayor. Sin embargo, no podemos dejar de señalar que Jesús no necesitaba ser tentado para crecer, porque era Dios. Sino que fue tentado por tres causas principales, que son las siguientes:

1. Como el "postrer Adán" enviado por Dios a la tierra, debía vencer la tentación que el primer Adán no venció. (Ver I Cor. 15:45)

2. Antes de vencer al enemigo de forma pública, debía vencerlo de manera privada.

3. Su disposición de identificarse con la humanidad, debía mostrarse también al hacer frente a la tentación; y haciéndolo, nos dejó un modelo establecido sobre el modo como debemos responder nosotros ante la misma.

*"Porque no tenemos un sumo sacerdote que no pueda compadecerse de nuestras debilidades, sino uno **que fue tentado en todo según nuestra semejanza, pero sin pecado**"*. Hebreos 4:15 (RVR 1960)

Ahora bien, en este punto es importante resaltar algunos aspectos dignos de considerar, como son los siguientes:

➤ Jesús fue llevado al desierto para ser examinado

El término "tentación" utilizado en este pasaje, en el idioma original es "peirazo" y se traduce como: "probar, escudriñar, examinar e intentar". Lo que se hace necesario aclarar, ya que en español el término "tentación" tiene un sentido uniforme y sistemáticamente malo, debido a que siempre implica inducir a una persona a hacer algo que no está bien, seducirla al pecado o tratar de persuadirla a tomar una decisión contraria a la moral o la ley de Dios. Pero el término "peirazo", como ya pudimos ver, es completamente diferente en su significado, aunque la mayoría de las traducciones al mencionar este episodio, dicen que Jesús fue "tentado" con algunas escasas excepciones, como son las siguientes:

*"Después de esto, el Espíritu llevó a Jesús al desierto para que el diablo **lo pusiera a prueba".** (BLPH)*

*"Luego el Espíritu de Dios llevó a Jesús al desierto, para que el diablo **tratara de hacerlo caer en sus trampas".** (TLA)*

La Biblia dice que cada uno es tentado cuando se deja llevar y seducir por sus propios malos deseos. (Ver Santiago 1:14 RVC) En el caso de Jesús, Satanás no halló ningún mal deseo en el cual anclar sus intenciones, pero si utilizó sus mejores ataques para intentar desviarle del propósito para el cual había sido enviado. Y es que igual que como debe probarse el metal, sometiéndose a una presión y tensión superiores a las que tendrá que soportar para ser útil en su uso práctico, así también el hombre tiene que ser probado antes de ser usado para dar cumplimiento al propósito, que Dios tiene con él.

➤ El lugar donde la prueba se llevó a cabo

El lugar donde esta prueba se llevó a cabo fue el "desierto" y precisamente a este desierto, en el Antiguo Testamento se le llama "ysimon" que quiere decir "la devastación". Dicho lugar, se extiende por un área de 50 por 25 kilómetros, que a menudo es descrita por sus visitantes, como tierra altamente seca, llena de arena amarilla y de caliza quebradiza; donde las colinas son como montones de polvo, que deslumbran y relucen con el calor como un horno inmenso, y se precipitan hacia el mar muerto en una caída de 400 metros de piedras calizas, pedernales y rocas sedimentarias, entre salientes y entrantes precipicios.

En este desierto, Jesús podía estar más solo que en cualquier otro lugar de Palestina, pues debido a las condiciones de aquel lugar, nadie deseaba pasar ni cerca de por allí.

➤ Satanás no envió a ninguno de sus delegados

Además de lo ya observado en esta primera parte del texto, algo que no podemos dejar de señalar, es que quien tentó a Jesús de manera directa, fue el diablo mismo. Por tanto, la tentación de Jesús en muchos aspectos, fue mucho más severa que las tentaciones que nosotros tenemos que enfrentar continuamente, dado que nosotros al ser tentados, somos tentados por demonios pertenecientes al reino de las tinieblas, pero no con Satanás de manera directa. En otras palabras, Jesús soportó un nivel de tensión y presión en la tentación, a los que nosotros jamás seremos expuestos.

Ver. 2 *"Y después de haber ayunado cuarenta días y cuarenta noches, tuvo hambre"*.

Al explorar el primer versículo de este pasaje, pudimos observar la condición del lugar y la intención por la que Jesús había sido llevado allí. Ahora en el verso 2, se nos habla de la condición en la que estaba Jesús, luego de haber ayunado 40 días y 40 noches. *"Y después de haber ayunado cuarenta días y cuarenta noches, **tuvo hambre**"*.

Algo que no podemos dejar de observar en este punto, es lo que señalan los estudiosos en cuanto al hambre que en este momento específico, sintió Jesús. Porque se ha comprobado científicamente, que después que los dolores del hambre regresan, luego de un ayuno tan largo como este, vienen a indicar que el sujeto que la padece, está comenzando a morir lentamente. Por tanto, aquella era una posición de mucha debilidad en términos humanos.

Al considerar todos estos elementos juntos, podemos comprender mejor cuál fue la verdadera intensidad de la tentación a la que Jesús fue expuesto. De hecho, algunos comentaristas concuerdan en que no fue solo al final del ayuno que Jesús fue tentando, sino durante todo el tiempo que estuvo apartado; y que lo que estas tres tentaciones reflejan, es la dureza reservada para el momento más cumbre, que fue el final de aquel ayuno intenso, cuando en términos humanos, debido a la gran cantidad de días que había pasado ayunando,

Jesús se sintió más débil. Tal idea, es tomada de lo que revela el primer verso del capítulo: *"Y fue llevado por el Espíritu al desierto, **para ser tentado** por el diablo"*.

➤ La composición de la tentación

Ahora observemos de forma detallada, las tres facetas que tuvo la tentación, de la que este pasaje nos habla. Siendo la primera, la contenida en los versos 3-4.

*"Y vino a él el tentador, y le dijo: **Si eres Hijo de Dios, di que estas piedras se conviertan en pan**. Él respondió y dijo: Escrito está: No solo de pan vivirá el hombre, sino de toda palabra que sale de la boca de Dios."*

El enfoque de esta primera tentación, es la incitación a poner los deseos de la carne por encima de la voluntad de Dios

En esta parte inicial de la tentación hecha a Jesús, Satanás se enfoca especialmente en el punto de las necesidades físicas que Jesús experimentaba allí, y que de algún modo representan también las necesidades que nosotros como género humano, tenemos que enfrentar continuamente. En este sentido, es importante considerar los puntos siguientes: *"Y vino a él el tentador"*, en consecuencia, nosotros no deberíamos

> *El enfoque de esta primera tentación, es la incitación a poner los deseos de la carne por encima de la voluntad de Dios.*

de dudar acerca de si "el tentador" vendrá, sino que debemos estar listos para vencerlo cuando aparezca. Porque seguro es que vendrá y que tendremos que enfrentar diversas tentaciones, mientras estemos en el cuerpo.

Dicho esto, es importante considerar la forma como Jesús es abordado por Satanás, que es la siguiente: *"Si eres hijo de Dios manda a que estas piedras se conviertan en pan"*. Debido a que en el idioma original, el énfasis que hace Satanás, no es "Si eres hijo" sino "Ya que eres hijo". En otras palabras, él no estaba cuestionando la Deidad de Jesús, sino que utilizó esta verdad para desafiarlo a que demostrara lo que era, por medio de obras milagrosas; como diciendo: *"Ya que eres hijo de Dios, entonces por qué no haces esto: di a las piedras que se conviertan en pan"*.

En este punto, quizás algunos piensen: Pero si Jesús podía hacer ese milagro, y luego de haber ayunado durante 40 días y 40 noches, tuvo hambre, ¿Por qué era una tentación hacer que las piedras se conviertan en pan? ¿Qué había de malo en que Jesús hiciera lo que el adversario le estaba sugiriendo?

La respuesta a esto, es que en este punto la tentación de Satanás estaba basada en invitar a Jesús a usar sus dones con propósitos personales y egoístas, sugiriéndole que mostrara su poder para proveerse comida para sí mismo y terminar así con su hambre. En esencia, el propósito de esta tentación estaba dirigida a hacer que Jesús complaciera sus deseos y saciara su necesidad usando el poder y los dones que poseía, dejándose incitar por la sugerencia del adversario. Pero lejos de caer en su trampa, Jesús le respondió diciendo: *"Escrito está: No sólo de pan vivirá el hombre, sino de toda palabra que sale de la boca de Dios".* Ver. 4

Por lo que Jesús, no solo rechazó la tentación, sino que le citó el texto contenido en el Antiguo Testamento, específicamente en Deuteronomio 8:3. Ocasión en la que el Señor, se dispuso enseñar al pueblo a conocerle de forma profunda y diferente.

Al responder del modo como lo hizo, ante la primera tentación registrada por parte de Satanás, Jesús dejó claramente establecido que su hambre no se trababa meramente de "comida", sino de hacer que la voluntad de Dios, se cumpliera en su vida.

Al resaltar el pasaje de Deuteronomio capítulo ocho, Jesús busca dejar claro que toda palabra que sale de la boca de Dios, debería ser más preciosa para nosotros que la misma comida, y que cualquier deseo de la carne.

Pero, consideremos de nuevo la sugerencia del adversario, la cual básicamente era: *"Pero si tú tienes poder para resolver tu hambre, ¿Por qué te haces esto a ti mismo? ¿Por qué tienes que pasar y sentir hambre, cuando puedes saciarte y no tener esta necesidad? ¿Cómo vas tú a pasar hambre hasta el punto de morirte, si tienes opciones?".*

Pero mientras el adversario utilizó como herramienta de ataque su hambre, Jesús lo contraatacó con su deseo y su disposición inquebrantable de querer agradar a Dios.

Asi que, tal como hemos apreciado, en la primera tentación hecha a Jesús, Satanás apela a los deseos de la carne, y a las necesidades físicas de Él como hombre, pero Jesús responde diciendo que la vida, es algo superior a eso.

Todo ser humano tiene necesidades físicas y emocionales; todos nosotros estamos saturados de necesidades, pero la satisfacción de esas necesidades nunca debería ser más importante que nuestro deseo de obedecer a Dios.

Satanás siempre busca incentivarnos a que vivamos para satisfacer necesidades, aunque estas dañen nuestra relación con el Señor. Y cabe destacar que esa es la forma como logra que muchos cristianos vivan una vida débil en términos espirituales, y que otros se desvíen por completo, del plan y el propósito que el Señor ha trazado para ellos.

> ## ➤ Al fallar en su primer intento, llevó la intensidad del ataque en aumento

"Entonces el diablo le llevó a la santa ciudad, le puso sobre el pináculo del templo, y le dijo: **Si eres Hijo de Dios, échate abajo; porque escrito está: A sus ángeles mandará acerca de ti, y, en sus manos te sostendrán, Para que no tropieces con tu pie en piedra.** *Jesús le dijo: Escrito está también: No tentarás al Señor tu Dios".* (Vers. 5-7)

Aquí podemos observar, como de forma sutil y sagaz, es Satanás quien utiliza la Palabra de Dios, para apalancar su ataque diciendo: *"Porque escrito está: A sus ángeles mandará acerca de ti, y en sus manos te sostendrán, para que no tropieces con tu pie en piedra"* Pero Jesús, le dijo: ***"Escrito también está****: No tentarás al Señor tu Dios".*

El enfoque de esta tentación, es la vanagloria de la vida y el exhibicionismo relacionado con lo que hemos recibido de parte de Dios.

En esta parte de la tentación, lo primero que hace Satanás es que lleva a Jesús, a la santa ciudad; y le pone sobre el pináculo del templo. Lo que para poder comprender mejor, debemos considerar algunos puntos importantes del contexto:

> *Satanás siempre busca incentivarnos a que vivamos para satisfacer necesidades, aunque estas dañen nuestra relación con el Señor.*

Según los historiadores, el pináculo del templo tenía una altura aproximada de 200 pies y estaba conformado por los ángulos del templo, lo que equivale a una altura semejante a la de un edificio de seis pisos.

El historiador Flavio Josefo, dice que era un lugar bastante alto y que cuando las personas solían llegar ahí, muchos sufrían vértigos si ponían la vista en la ciudad que les quedaba debajo.

Los que conocen el lugar hoy día, dicen que desde allí se observa una vista espectacular que incluye el Valle del Cedrón y que también puede observarse El Monte de los Olivos.

El Apóstol Santiago, quien fue el hermano menor de Jesús, murió lanzado de ese mismo lugar por causa de la oposición que tuvo el evangelio en sus inicios; esto según la mayoría de historiadores bíblicos.

Fue a este pináculo que Satanás llevó a Jesús, y estando allí le dijo: *"Si eres Hijo de Dios, échate abajo; porque escrito está: A sus ángeles mandará acerca de ti, y en sus manos te sostendrán, para que no tropieces con tu pie en piedra".*

Si Jesús se hubiese dejado incitar por el adversario y se hubiese lanzado desde aquel pináculo, los ángeles se hubiesen revelado para darle auxilio; y tal acontecimiento hubiese sido un evento impresionante, tanto que el mejor de los circos le hubiese quedado corto. Por lo que la idea que Satanás tenía con esto, era incentivar a Jesús, a dar inicio a un evento súper natural donde Él hiciera exhibición pública de lo que era capaz de hacer.

En esta parte especifica de la tentación, el adversario le dice: *"Si eres hijo de Dios, échate abajo; porque escrito está: A sus ángeles mandará acerca de ti y en sus manos te sostendrán, para que no tropieces con tu pie en piedra".* Cuestionando con esto la identidad de Jesús, desafiando la integridad de la Palabra y **apelando al deseo natural que todo hombre tiene de sentir que Dios está con él, y querer manifestarlo en público.** Asi que con el fin de lograrlo, le citó la Palabra. Porque nuestro adversario, también conoce las Escrituras, la cita y es un experto en usarla fuera de contexto, con el propósito de confundir a aquellos que le prestan oído.

Pero, ¿Cuál fue el pasaje utilizado por el adversario? La cita fue el Salmo 91:11-12 donde dice lo siguiente: *"Pues a sus ángeles mandará acerca de ti, Que te guarden en todos tus caminos. En las manos te llevarán, para que tu pie no tropiece en piedra".*

Pasaje que al observar detenidamente, podemos notar que Satanás citó, pero lo sacó de contexto. Porque fue como si le dijera a Jesús: *"Tu padre te promete que si te tiras por ahí, sus ángeles te van acompañar; asi que tiráte porque Dios te va a guardar y será un evento interesante, en el que quedará confirmado que tú eres el Mesías, que había sido anunciado".*

> *Dios nunca ha prometido enviar a sus ángeles a acompañarnos, en caminos pecaminosos e incorrectos.*

Con relación a esto, el reconocido predicador Charles Spurgeon, dijo en una ocasión: *"Satanás tomó prestada el arma de nuestro Señor, al decir: escrito está"* pero no la utilizó de forma legal, porque no estaba en su naturaleza falsa citar el Texto Sagrado, en su plena integridad. Sino que dejó de mencionar palabras claves y necesarias, para que lo que dijo verdaderamente aplicara a lo que Dios había prometido.

Pero, ¿Por qué decimos que Satanás usó el texto de forma falsa e incorrecta? Porque excluyó el fragmento que dice: *"Que te guarden en todos tus **caminos"*** por lo que, tentar a Dios de esta forma, no aplica al modo como se establece el texto en cuanto a esta determinada promesa. Porque Dios nunca ha prometido enviar a sus ángeles a acompañarnos, en caminos pecaminosos e incorrectos.

En otro orden, resulta interesante observar que por el nivel en el que Jesús conocía la Palabra, pudo discernir el engaño y la mala aplicación que el adversario le dio a la misma. Y lejos de dar acceso a la trama de engaño gestada por el adversario, volvió a responderle con toda firmeza, diciendo: *"Escrito también está: No tentarás al Señor tu Dios"*.

Al igual que la respuesta dada por Jesús anteriormente, este pasaje se halla en el libro de Deuteronomio, específicamente en el capítulo 6:16, donde se establece lo siguiente: **"No tentaréis a Jehová vuestro Dios**, *como lo tentasteis en Masah"*.

Pero, ¿En qué contexto, al pueblo le fue dicho esto? En el capítulo seís del libro de Deuteronomio, el cual está lleno de exhortaciones acerca de cómo honrar a Dios, y entre esas exhortaciones, esta la de "no tentarlo".

La historia del evento en el que el pueblo tentó a Dios, se narra en Éxodo 17:2, donde dice: *"Y altercó el pueblo con Moisés, y dijeron: Danos agua para que bebamos. Y Moisés les dijo: ¿Por qué altercáis conmigo? ¿Por qué tentáis a Jehová?"*.

Y aunque eventualmente el problema de la sed del pueblo, se resolvió cuando Moisés oró a Dios y Dios lo mandó a la peña de Oreb, y le dio las debidas instrucciones; luego de habérseles eliminado la sed, el pueblo mantenía el problema de la incredulidad en sus corazones. Por causa de esto, luego de aquel acontecimiento dice en Éxodo 17:7 que Moisés le puso por nombre a aquel lugar Masah y Meriba, por la contienda de los hijos de Israel y porque tentaron al Señor diciendo: ¿Está el Señor entre nosotros o no?. Por lo que este suceso, fue registrado en Éxodo 17, refrescado en las exhortaciones de Deuteronomio capítulo seis, y vuelto a traer a colasión por Jesús, en el libro de Mateo capítulo 4, en el momento que estaba siendo tentado.

Por otro lado, el razonamiento de Satanás en cuanto a esta tentación, era el siguiente: *"Ya que tanto confías en Dios, como lo expresaste en la tentación anterior, entonces tírate desde aquí. Porque la palabra dice que sus ángeles te guardarán para que tu pie no tropiece en piedra"*.

Pero el hecho de confiar en Dios, no significa que podamos cometer imprudencias para que ese cuidado sea evidenciado a favor de nosotros. Así que con su respuesta, era como si Jesús dijera: *"Yo no tengo que poner a prueba el cuidado de Dios hacia mí; yo confío en que lo tengo y punto. Dios está dirigiendo mi vida y no voy a tentarlo a Él, para complacerte a ti, con nada de esto"*.

En este punto, es importante recordar que las promesas de Dios no son para complacer nuestros caprichos, sino para facilitar nuestra obediencia hacia Él. Dios no es nuestro asistente personal, para apoyar nuestras aspiraciones, cuando estas son contrarias a los planes que Él tiene para nosotros. Dios es el Rey Soberano, que busca guiar nuestras vidas, de acuerdo al propósito eterno que trazó para nosotros.

Por tanto, la primera tentación estaba dirigida a incitar a Jesús a satisfacer sus deseos, aunque no fuera conforme a la voluntad de Dios; la segunda tentación estaba dirigida al orgullo de la vida, incentivándolo a mostrar lo que Dios era capaz de hacer por Él; ahora observemos en lo que estuvo basada la tercera tentación:

"Otra vez le llevó el diablo a un monte muy alto, y le mostró todos los reinos del mundo y la gloria de ellos, y le dijo: Todo esto te daré, si postrado me adorares. Entonces, Jesús le dijo: Vete, Satanás, porque escrito está: Al Señor tu Dios adorarás, y a él sólo servirás". Mateo 4:8-10 (RVR 1960)

Lo primero que en este punto sale a relucir, es que Satanás llevó a Jesús a un monte muy alto y le mostró todos los reinos de la tierra. La palabra clave aquí es: **le mostró,** debido a que la intención que el adversario tenía, era la de deslumbrar a Jesús, con los reinos que le estaba mostrando. De hecho, es posible que para que el efecto de este ataque fuera aun mayor, Satanás haya hecho que tales reinos se vieran mucho más atractivos de lo que realmente son, puesto que estaba apelando a la seducción por medio de la vista. Entonces, le dijo: *"Todo esto te daré si postrado me adorares".*

Esta parte de la tentación, invitaba a Jesús a tomar un atajo de la Cruz, lo cual constituía la mayor de las tentaciones, ya que lo que el adversario le estaba proponiendo era ciertamente algo muy atractivo. La oferta básicamente era: *"Te ofrezco los reinos, sin tener que soportar la cruz; te doy todas esas cosas sin que tengas que sufrir mientras las conquistas".* A cambio de todo esto, lo único que pedía era adoración; y adoración era lo que precisamente él había perseguido desde el principio, tal como lo dice Isaías 14:13-15.

"¡Cómo caíste del cielo, oh Lucero, hijo de la mañana! Cortado fuiste por tierra, tú que debilitabas a las naciones. Tú que decías en tu corazón: Subiré al cielo; en lo alto, junto a las estrellas de Dios, levantaré mi trono, y en el monte del testimonio me sentaré, a los lados del norte; sobre las alturas de las nubes subiré, y seré semejante al Altísimo. Mas tú derribado eres hasta el Seol, a los lados del abismo".

Satanás siempre ha buscado ser adorado; de hecho, tiene grandes habilidades para mostrar los supuestos beneficios que ofrece, y ocultar el alto costo que estos representan para quienes caen en sus trampas.

Ahora bien, para poder comprender mejor lo implícito en esta tentación, es necesario recordar que Jesús vino no solo a dar su vida en rescate por nosotros, sino a restaurar todas las cosas que por causa del pecado fueron afectadas, incluyendo esos reinos que Satanás tenía en sus garras. Y es comprendiendo esto que el adversario, en otras palabras, le dice: *"Te lo haré fácil"* pero al respecto, Jesús responde: ***"Vete, Satanás,*** *porque escrito está: Al Señor tu Dios adorarás, y a él sólo servirás".* (Ver. 10)

Pero, ¿Qué parte de las escrituras estaba citando Jesús en esta ocasión? Nueva vez nos hallamos con un pasaje más, del libro de Deuteronomio, ahora específicamente con el verso 13 del capítulo 6, donde dice lo siguiente: "A Jehová tu Dios adorarás, y a él sólo servirás..." Deuteronomio 6:13

Algo digno de resaltar en este hecho, es que Jesús no solo rechazó la oferta de tomar la vía fácil, sino que tampoco se detuvo a considerar lo atractiva que pudo haber parecido aquella oferta; en vez de esto, con toda autoridad y firmeza, habló al tentador y le dijo: *"Vete Satanás"*. *"El diablo entonces le dejó; y he aquí vinieron ángeles y le servían"*. Mateo 4:11 (RVR 1960)

La expresión: *"Entonces el diablo le dejó"*, significa que Jesús venció a Satanás y dejó sin efecto el modo sutil como a través de la tentación, este quiso derrotarlo, reconociendo sus mentiras y desmantelando sus engaños.

Sin embargo, a pesar de tal derrota, el adversario no se rindió. Porque esa no fue la única vez en la que "el tentador", tendió trampas a Jesús. De hecho, observemos lo que en la referencia cruzada de este pasaje, nos dice el evangelista Lucas: *"Y cuando el diablo hubo acabado toda tentación, se apartó de él por un tiempo"*. Lucas 4:13 (RVR 1960)

> *Con la derrota que tuvo en el desierto, Satanás no se rindió; pero en cada una de las veces que fue tentado, Jesús lo derrotó.*

Por lo que con la derrota que tuvo en el desierto, Satanás no se rindió; pero en cada una de las veces que fue tentado, Jesús lo derrotó.

Y luego de haber obtenido la victoria, por no ceder a ninguna de las tetaciones que el adversario le presentó, vinieron ángeles y le servían. Porque la recompensa que recibimos cada vez que resistimos la tentacion, es ver de Dios una gloriosa manifestacion.

Las lecciones que podemos extraer de esta faceta de la vida de Jesús, son diversas; siendo una de las primeras, el hecho de no tomar atajos y rechazar de manera categórica las ofertas que vienen del adversario por mas atractivas que estas parezcan. Porque precisamente, reconociendo lo impaciente que a veces solemos ser, él toma provecho para hacernos sus sutiles y venenosas sugerencias, ya que sabe muy bien, que nuestra carrera no se basa en la velocidad, sino en la resistencia.

Finalmente, es de vital importancia que entendamos los siguientes puntos acerca de esta impartición:

> ➤ **Nosotros al igual que Jesús, tenemos el mismo adversario.** Por tanto, el apóstol Pedro, nos aconseja: *"Sed sobrios, y velad; porque vuestro adversario el diablo, como león rugiente, anda alrededor buscando a quien devorar".* I Pedro 5:8 (RVR 1960)

> ➤ **Nuestro conflicto es real y no se debe tomar con ligereza.** *"Porque no tenemos lucha contra sangre y carne, sino contra principados, contra potestades, contra los gobernadores de las tinieblas de este siglo, contra huestes espirituales de maldad en las regiones celestes".* Efesios 6:12 (RVR 1960). Este pasaje, es una de las causas por la que algunos puritanos decían, que por cada creyente, Satanás tiene alrededor de 500 demonios trabajando a tiempo completo para atacarlo.

> **Tenemos tentaciones semejantes a las que tuvo Jesús.** Satanás nos tienta con inmoralidad para los deseos de la carne, con materialismo para los deseos de los ojos y con arrogancia para el orgullo de la vida.

No podremos agradar a Dios, si satisfacer nuestras necesidades físicas resulta ser más importante que obedecerlo.

No podremos agradar a Dios, si nuestras aspiraciones terrenales son más atractivas que nuestras aspiraciones celestiales.

No podremos agradar a Dios, si nuestra necesidad de lucir grandes es más atractiva que nuestra necesidad de ser fieles.

Si lo que está vacío en nosotros no lo llena el Espíritu Santo, ese vacío será el blanco de ataque que utilizará el adversario, para accesar a nosotros y destruirnos.

Tenemos la misma herramienta que Jesús utilizó para vencer. Nosotros tenemos la palabra de Dios y es importante notar que siendo Jesús Dios, necesitó apoyarse en la Palabra. Por lo tanto, para poder vencer la tentación, nosotros también tendremos que hacer lo mismo. Porque para vencer al adversario, Jesús no usó nada que no esté al alcance de nosotros.

"Sobre todo, tomad el escudo de la fe, con que podáis apagar todos los dardos de fuego del maligno. Y tomad el yelmo de la salvación, y la espada del Espíritu, que es la palabra de Dios". Efesios 6:16-17 (RVR 1960)

PUNTOS A RECORDAR:

1. Todo ser humano tiene necesidades físicas y emocionales, todos nosotros estamos saturados de necesidades. Pero la satisfacción de esas necesidades nunca debería ser más importante que nuestro deseo de obedecer a Dios.

2. Las promesas de Dios no son para complacer nuestros caprichos, sino para facilitar nuestra obediencia hacia Él.

3. Dios no es nuestro asistente personal para apoyar nuestras aspiraciones, cuando estas aspiraciones son contrarias a los planes que Él tiene para nosotros.

4. No podremos agradar a Dios, si satisfacer nuestras necesidades físicas resulta ser más importante que obedecerlo.

5. La recompensa que recibimos cada vez que resistimos la tentacion, es ver de Dios una gloriosa manifestacion.

Capítulo 10

EL TRATO QUE DABA A LA GENTE

"Pedro… apacienta mis corderos". Juan 21:15 (RVR 1960)

EL TRATO QUE DABA LA GENTE

"*Cuando descendió Jesús del monte, le seguía mucha gente. Y he aquí vino un leproso y se postró ante él, diciendo: Señor, si quieres, puedes limpiarme. Jesús extendió la mano y le tocó, diciendo: Quiero; sé limpio. Y al instante su lepra desapareció*".

Este relato, se encuentra en los primeros versos del capítulo ocho del libro de Mateo, donde exactamente se registran tres sanidades hechas por Jesús, que son: la del hombre leproso, la parálisis del siervo del centurión y la fiebre de la suegra de Pedro. Pero de estos tres milagros, el primero fue sanar al leproso; y antes de entrar en los detalles directos de esta sanación, observemos algunos puntos importantes acerca de lo que en ese preciso momento estaba aconteciendo con el Maestro.

1. Acababa de descender del monte: Donde había pronunciado el muy reconocido "Sermón del Monte" y otras diversas enseñanzas, acerca de las que el evangelista Mateo, dice lo siguiente:

*"Cuando Jesús terminó de decir todas esas cosas, **las multitudes quedaron asombradas** de su enseñanza, porque lo hacía con verdadera autoridad, algo completamente diferente de lo que hacían los maestros de la ley religiosa".* Mateo 7:28-29 (NTV)

2. Al descender del monte, mucha gente le seguía.

3. En vez de dejarse distraer por las multitudes, se dispuso a sanar a un leproso.

Luego de observar estos puntos, volvamos a considerar lo que dice Mateo 8:1-3

"Cuando descendió Jesús del monte, le seguía mucha gente. Y he aquí vino un leproso y se postró ante él, diciendo: Señor, si quieres, puedes limpiarme. Jesús extendió la mano y le tocó, diciendo: Quiero; sé limpio. Y al instante su lepra desapareció".

La lepra, era considerada entre los judíos como una señal especial de desagrado de Dios. Por consiguiente, se suponía que solo podía ser curada directamente por la mano divina. Por tal razón, no se hacía ningún intento para que la curasen los médicos, sino que era puesta bajo la inspección de los sacerdotes y ministros de Dios, quienes tenían a cargo observar al leproso (según la ley y las medidas establecidas) para ver lo que Dios había de hacer con dicho leproso. Pero Cristo no solo curó la lepra, sino que también autorizó a sus discípulos para que en su nombre hicieran lo mismo, como vemos en

Mateo 10:8 cuando les dice: *"Sanad enfermos, **limpiad leprosos**, resucitad muertos, echad fuera demonios..."*

En el mundo antiguo la lepra era la más terrible de todas las enfermedades, ya que ninguna otra enfermedad reducía a un ser humano a una ruina tan repugnante, como lo hacía la lepra.

La manifestación de la misma, empezaba con la pérdida de la sensibilidad y con pequeños nódulos que aparecían y comenzaban a invadir todo el cuerpo de quien la padecía haciendo que toda su piel se llenara de llagas. Los párpados se le caían y perdían la movilidad en los ojos, debido a lo cual, daba la impresión de estar mirando de manera fija hacia un solo lugar; las cuerdas vocales se les ulceraban y la voz se les ponía áspera; la respiración era silbante, afectaba los troncos nerviosos, los músculos se descomponían, los tendones se contraían hasta hacer que las manos parecieran garras; mientras que la pérdida de miembros en el cuerpo era progresiva, siendo generalmente las partes más afectadas, las manos y los pies.

El proceso normal de la lepra, duraba alrededor de nueve años en los que el que la padecía, se desgastaba hasta parecer un repugnante cadáver andante.

La condición física del leproso, era terrible. Pero había algo que la hacía todavía mucho peor, y es que los leprosos se trataban como si fueran en efecto, personas muertas. De hecho, tan pronto como se les diagnosticaba la lepra, se les desterraba y eran declarados impuros, tenían que llevar ropas rasgadas y por donde quiera que fueran, debían ir gritando: ¡impuro, impuro!.

Para un judío, la contaminación que implica el contacto con un leproso, sólo era menos grave que la que se contraía por el contacto con un cadáver en descomposición.

Si un leproso metía la cabeza en una casa, esa casa quedaba inmunda hasta las vigas del techo. Incluso en un espacio abierto era ilegal saludar a un leproso; nadie se le podía acercar más de cuatro codos. Es decir, apróximadamente unos 2 metros; si el viento soplaba en sentido del leproso hacia la persona sana, el leproso debía mantenerse por lo menos a 100 codos de distancia. Además de esto, algunos rabinos sentían tanta repugnancia por los leprosos, que no se comían ni siquiera un huevo que se hubiera comprado en una calle por la que hubiese pasado alguno.

Por todas estas causas, la mayoría de estudiosos bíblicos coinciden en que en aquellos tiempos no hubo otra enfermedad que separara tanto a una persona de sus semejantes, como lo hacía la lepra. Y precisamente, frente a un hombre leproso fue que Jesús se detuvo, le escuchó, le tocó y le sanó. Pero, observemos el modo como esto se lleva a cabo:

> ➤ *La aproximación del leproso... Y he aquí vino un leproso y se postró ante él, diciendo: Señor, si quieres, puedes limpiarme.*

> ➤ *La respuesta de Jesús a la aproximación de leproso... Jesús extendió la mano y le tocó, diciendo: Quiero; sé limpio.*

Los evangelistas que hacen mención de esta historia, coinciden en que Jesús extendió la mano y tocó al leproso, mientras que respondiendo a la expresión: *"Señor, si quieres, puedes limpiarme"* le respondió diciendo: *"Quiero, sé limpio".* De modo que ante la necesidad de aquel leproso, Jesús respondió mostrando misericordia, compasión y amor.

Por otro lado, al tocar a aquel leproso, Jesús revolucionó el modo como hasta entonces, los que padecían de lepra, eran tratados; pues dicha curación fue un gesto de aceptación e inclusión en la comunidad que los había separado, debido a las normas establecidas con respecto a esta enfermedad. Pero Jesús, al limpiarlo, le devolvió la esperanza y la dignidad. Porque precisamente esto era lo que también Él hacía con los que por otras causas eran excluidos, como los recaudadores de impuestos, las prostitutas, entre otros.

Resulta además admirable, ver cómo el leproso vino con confianza y sin ninguna duda de que si Jesús quería, podía limpiarle; a pesar de que ningún leproso se había acercado a un rabino antes, porque sabían que de hacerlo, habría sido rechazado. Pero este hombre fue a Jesús, teniendo la perfecta confianza en la disposición que Él tendría de recibirle.

> *Ante la necesidad de aquel leproso, Jesús respondió mostrando misericordia, compasión y amor.*

Por otro lado, además de la valentía que tuvo de acercarse, su humildad también fue notable, ya que ni siquiera demandó su curación, sino que simplemente dijo: *"Señor, si quieres, puedes limpiarme."* Como si dijera: *"Yo sé que a nadie le importo, sé que otras personas huirían de mí y no querrían tener nada que ver conmigo; sé que no tengo ningún derecho sobre ti, sé que tienes a muchos que te siguen y que no tienen la condición física que tengo yo; se que por la lepra que padezco, soy considerado inmundo. Pero a pesar de todo esto, me acerco a ti porque tal vez, en tu divina misericordia puedes aplicar tu poder sobre mí para que así, yo pueda quedar sano."* Y como ya hemos observado, la amorosa respuesta de Jesús, ante esto fue: ***"Quiero, sé limpio"*** . Porque para Jesús, no había más que una sola ley: la del amor; y su deseo de mostrar amor, siempre estuvo por encima de todas las leyes y reglamentos humanos; por esto nadie debería sentirse tan inmundo como para no acercarse a Jesús, sea cual sea "la lepra" que padezca o la situación por la que esté atravesando.

Jesús demostró que lo que más importa es la gente

"Entró Jesús otra vez en Capernaum después de algunos días; y se oyó que estaba en casa. E inmediatamente se juntaron muchos, de manera que ya no cabían ni aun a la puerta; y les predicaba la palabra. Entonces vinieron a él unos trayendo un paralítico, que era cargado por cuatro. Y como no podían acercarse a él a causa de la multitud, descubrieron el techo de donde estaba, y haciendo una abertura, bajaron el lecho en que yacía el paralítico. Al ver Jesús la fe de ellos, dijo al paralítico: Hijo, tus pecados te son perdonados". Marcos 2:1-5 (RVR 1960)

Jesús nació en Belén, fue criado en Nazaret, pero estableció su residencia en Capernaum. Y aunque por la actividad ministerial que desarrollaba, sabemos que en aquel lugar era poco el tiempo que pasaba, en el pasaje que acabamos de observar, queda claramente establecido que iba (aunque por cortos periodos de tiempo) con cierta frecuencia a aquel lugar. La expresión: *"Entró Jesús otra vez en Capernaum después de algunos días; y se oyó que estaba en casa"*, habla de la entrada de Jesús a su casa, y no a la casa de alguna otra persona. Lo que de haber sido, se hubiese resaltado tal como acontece cuando estuvo en la casa de Zaqueo y en la casa de Simón el fariseo. (Ver Lucas 19:5 y Luc. 7:36)

Considerando además, la expresión: *"Después de algunos días"*, podemos deducir que Jesús venía a su casa, quizá con el fin de reposar un poco, debido a la intensa actividad ministerial, que de seguro debío haber tenido durante aquellos días Pero en vez de disponer de un espacio de tiempo para reposar, al escucharse en el pueblo que Él había llegado a su casa, muchos fueron a verle; de modo que no cabían ni aún en la puerta de la casa. Pero en vez sentirse mal con ellos por haber invadido su espacio, por haber interrumpido su descanso o por no haberse presentado con previa anticipación... "Él les predicaba la palabra".

"Entonces, vinieron a él unos trayendo un paralítico, que era cargado por cuatro. Y como no podían acercarse a él a causa de la multitud, descubrieron el techo de donde estaba, y haciendo una abertura, bajaron el lecho en que yacía el paralítico. Al ver Jesús la fe de ellos, dijo al paralítico: Hijo, tus pecados te son perdonados". (Vers. 3-5)

Esta parte del texto, resulta ser muy interesante, ya que además de que Jesús acababa de llegar a su casa y una multitud, sin avisarle previamente, llegó y llenó la casa. Ahora cuatro hombres que habían llegado cargando un paralítico y que no hallaron forma alguna de entrar debido a lo saturado que se hallaba aquel lugar, decidieron subir encima de la casa y romper el techo de la misma para entonces poder hacer posible que el amigo paralítico que habían llevado, pudiera ser visto por Jesús y entonces ser sanado.

Pero, consideremos la forma en que responde Jesús ante esto: *"Al ver Jesús la fe de ellos, dijo al paralítico: Hijo, tus pecados te son perdonados"*. (Ver. 5)

La manera en que el texto resalta que Jesús vió la fe de los amigos del paralítico, pone en evidencia que a Él no le preocupó en lo más mínimo que le quebraran el techo de su casa; sino que en vez de esto, valoró la fe que tuvieron ellos al quebrarlo.

En este punto, te invito a que tomes un momento para pensar, cual sería tu reacción, si luego de un tiempo fuerte de trabajo, llegas al espacio destinado para tu quietud, reposo y descanso, y te encuentras con una multitud de personas que llega a ti, sin previo aviso. ¿Qué les dirías? Siendo honestos, quizás el modo como muchos reaccionaríamos, no estaría tan siquiera cerca de parecerse al modo como respondió Jesús. Pero te daré el beneficio de la duda y pensaré que como tienes al Señor en tu corazón, a pesar de ser sorprendido, estar cansado y ser invadido; estarías muy feliz por recibirles a todos.

Pero es muy probable que el escenario cambiara, si por causa de no haber más espacio para entrar a tu casa debido a la gran cantidad de personas que la ocupan, un grupo de hombres adicionales a los que ya están dentro, se suben encima y comienzan a golpear el techo, hasta quebrarlo y hacerlo pedazos.

Piénsalo solo por un momento y respóndete a ti mismo, ¿Cómo te sentirías al respecto?.

Jesús no se dejó distraer por el techo roto de su casa, pero sí prestó atención a los que lo habían quebrado; admirándoles por su fe y por la osadía que tuvieron al hacerlo pedazos, para poder ayudar a su amigo el paralítico, a entrar a aquella casa, pese a la cantidad de personas que la ocupaban. Lo que pone en evidencia que para Jesús, absolutamente siempre lo más importante era la gente, y Él espera que también para nosotros, lo más importante, sea lo mismo.

Por causa de esto, al culminar su ministerio en la tierra, le habló a Pedro su discípulo, encargándole que si en verdad lo amaba, se lo mostrara apacentando sus corderos y pastoreando sus ovejas.

> *Jesús no se dejó distraer por el techo roto de su casa, pero sí prestó atención a los que lo habían quebrado.*

*"... Jesús dijo a Simón Pedro: Simón, hijo de Jonás, ¿me amas más que éstos? Le respondió: Sí, Señor; tú sabes que te amo. Él le dijo: **Apacienta mis corderos.** Volvió a de-*

139

*cirle la segunda vez: Simón, hijo de Jonás, ¿me amas? Pedro le respondió: Sí, Señor; tú sabes que te amo. Le dijo: **Pastorea mis ovejas**. Le dijo la tercera vez: Simón, hijo de Jonás, ¿me amas? Pedro se entristeció de que le dijese la tercera vez: ¿Me amas? y le respondió: Señor, tú lo sabes todo; tú sabes que te amo. Jesús le dijo: **Apacienta mis ovejas**".* Juan 21:15-17 (RVR 1960)

No es casualidad que Jesús le haya preguntado a Pedro tres veces si lo amaba, puesto que, según algunos de los padres de la Iglesia, esta triple confirmación de Pedro, fue una manera de borrar las tres veces que **él** negó al Señor diciendo: *"¡Yo no conozco a ese hombre!"*. (Mateo 26:72)

Por otro lado, esa triple repetición, era también la forma solemne que el judío usaba para confirmar que se comprometía con una misión importante.

Pero, ¿Cuál era la implicación de la demanda que Jesús le estaba haciendo a Pedro para que a través de esta, pudiera demostrar cuánto le amaba? Para poder comprenderlo mejor, buscamos el significado en original griego, de los términos apacentar y pastorear; y hallamos que literalmente significan lo siguiente: apacentar "dar de comer" y pastorear "mostrar el camino, enseñar y guiar a otros con amor". De modo que cuando el Señor le pide a Pedro que demostrara cuánto le amaba, a través de apacentar y pastorear sus ovejas, en el significado de fondo, le está encomendando: *"Pedro, si verdaderamente me amas de la forma que dices, quiero que lo demuestres dando de comer, mostrando el camino, enseñando a mis ovejas y guiándoles con amor"*.

Nadie puede decir que ama a Jesús de forma auténtica, si no hace absolutamente todo lo que puede, para amar y cuidar a sus "ovejas", que son todas las personas que Él ha permitido que esten alrededor de nosotros.

Finalmente, para cerrar este capítulo, consideremos: Si el modo que el Señor ha establecido para que le demostremos el amor que le tenemos, es a través del cuidado que estamos teniendo de sus ovejas, ¿En qué grado de intensidad estaría ubicado el amor que verdaderamente sientes por Jesús?.

"Cuídense unos a otros, para que ninguno de ustedes deje de recibir la gracia de Dios". Hebreos. 12:15 (NTV)

PUNTOS A RECORDAR:

1. Al tocar aquel leproso, Jesús le devolvió la esperanza y la dignidad. Porque precisamente esto era lo que también Él hacia con los que por otras causas, eran excluidos.

2. La manera en que Jesús resalta la fe de los amigos del paralítico, pone en evidencia que a él no le preocupó en lo más mínimo que le quebraran el techo de la casa donde él vivía, pero si reconoció el valor del acto que ellos habian hecho.

3. Para Jesús absoutamente siempre, lo más importante era la gente, y Él espera que también para nosotros lo más importante, sea lo mismo.

4. Nadie puede decir que ama a Jesús verderamente, si no hace absolutamente todo lo que puede para amar y cuidar a sus ovejas.

5. Si el modo que el Señor ha establecido para que le demostremos el amor que le tenemos, es a través del cuidado que damos a sus ovejas, ¿En que grado de intensidad estaría ubicado el amor que sientes por Jesús?

Capítulo 11

EL MODO COMO TRABAJABA

"Mi Padre no cesa nunca de trabajar, y yo también hago lo mismo". Juan 5:17 (RVR 1960)

EL MODO COMO TRABAJABA

Según los principios establecidos en la Palabra de Dios, podemos ver que desde el principio de los tiempos, el trabajo es tan importante en el cielo, como lo es en la tierra. Dios trabajó para crear los cielos y la tierra; hizo que los mares se agruparan en un solo lugar y que apareciera la tierra seca; hizo que el pasto, las hierbas y los árboles crecieran sobre la tierra; formó el sol, la luna y las estrellas; creó a todos los seres vivientes marinos y terrestres y por último, colocó a Adán y Eva en la tierra, para que cuidaran de ella y para que tuvieran dominio sobre todos los seres vivientes. (Ver Génesis 1:1-28)

Teniendo esto como base, pasemos a considerar como Jesús, la representación viva del deseo de Dios manifestada en la Tierra, al ser cuestionado por causa de su laboriosidad continua, aún en el día de reposo (día señalado para el descanso del pueblo) responde de la siguiente manera: ***"Mi Padre no cesa nunca de trabajar, y yo también hago lo mismo"***. Juan 5:17 (BLP)

En este punto, resulta interesante notar que Jesús no intentó en ningún momento, quedar bien con los que condenaban el hecho de trabajar en el día de reposo, sino que en vez de esto, osadamente les explicó que su Padre trabajaba en el día de reposo y que por tanto, Jesús el Hijo, también hacía lo mismo.

"Dios nunca deja de trabajar porque así como la propiedad del fuego es quemar y la del hielo es enfriar, así la de Dios, es trabajar". (Philo, citado en Dods).

Ahora bien, cabe destacar que para algunos resulta ser extraño que el Dios de la Biblia sea un Dios trabajador, ya que en el mundo antiguo, trabajar no necesariamente era algo honorable. De hecho, se pensaba que era para los esclavos, siervos y extraños; y no para los hombres libres. De ahí, que el trabajo y la grandeza, rara vez fueran juntas y nada podía estar más distante de la mente de muchos de aquellos tiempos, que pensar que Dios fuera trabajador.

Por causa de esto, fue revolucionario que Jesús enseñara que "Dios trabaja", porque aunque ciertamente descansó de la creación, nunca dejó de preservar y gobernar lo que había creado. En este aspecto, no puede tener días de reposo, pues nada puede continuar existiendo o responder al propósito propuesto por la bondad y sabiduría divina, sin la energía continua de su Hacedor. En alusión a esto, el salmista expresa lo siguiente: *"El protector de Israel **nunca duerme**... El Señor es tu protector. El Señor siempre está a tu lado como una sombra, para protegerte"*. Salmos 121:4-5 (PDT)

De modo que el descanso de Dios que menciona la Biblia en el séptimo día, fue dado para el beneficio del hombre, no de Dios; y a través del mismo, se establece un patrón de descanso necesario para el bienestar del hombre.

Pero como ya dijimos, Jesús había venido a la tierra a mostrar la imagen de Dios y por esto, más adelante lo vuelve a poner en claro a través de las siguientes palabras: *"A mí me conviene hacer las obras del que me envió, entre tanto que el día dura... Entre tanto que estoy en el mundo, luz soy del mundo"*. Juan 9:4-5 (JBS)

> *Nada puede continuar existiendo o responder al propósito propuesto por la bondad y sabiduría divina, sin la energía continua de su Hacedor.*

Pero, ¿bajo qué principios trabaja Jesús, de esa forma tan incesante? A través de los cuatro evangelios, podemos observar la firmeza, la valentía y la gallardía con la que Jesús se manejaba en todas las ocasiones y en cada uno de los aspectos de su vida, incluyendo el trabajo que hacía; teniendo en claro cuál era la base de valores y principios por los que se guiaba; los cuales son diversos y a continuación, mostramos cuatro de estos:

1. Sabía para quién trabajaba:

*"Jesús les dijo: Mi comida es hacer lo que Dios quiere porque él es quien me envió. Estaré satisfecho cuando termine **el trabajo que él me dio**"*. Juan 4:34 (PDT)

"Él les respondió: « ¿Y por qué me buscaban? ¿Acaso no sa-bían que es necesario que me ocupe de los negocios de mi Padre?". Lucas 2:49 (RVC)

2. Se preparó para su asignación:

*"Entonces Jesús fue **llevado por el Espíritu al desier-to**, para ser tentado por el diablo".* Mateo. 4:1 (RVR 1960)

*"Y cuando el diablo hubo acabado toda tentación, se apartó de él por un tiempo... Y Jesús volvió en el poder del Espíritu a Galilea, y se difundió su fama por toda la tierra de alrede-dor. **Y enseñaba en las sinagogas** de ellos, y era glorifi-cado por todos".* Lucas 4:13-15 (RVR 1960)

3. Sabía reconocer la importancia de una oportunidad:

*"**Cuando llegó cerca de la puerta de la ciudad**, he aquí que llevaban a enterrar a un difunto, hijo único de su ma-dre, la cual era viuda; y había con ella mucha gente de la ciudad. Y cuando el Señor la vio, se compadeció de ella, y le dijo: No llores. **Y acercándose, tocó el féretro; y los que lo llevaban se detuvieron. Y dijo: Joven, a ti te digo, levántate.** Entonces se incorporó el que había muer-to, y comenzó a hablar. Y lo dio a su madre".* Lucas 7:12-15 (RVR 1960)

*"Cuando Jesús bajó de la barca y **vio una multitud tan grande**, tuvo compasión de ellos porque eran como ovejas que no tienen pastor. **Entonces, se acercó a ellos y co-***

menzó a enseñarles muchas cosas". Marcos 6:34 (PDT)

4. Reconocía el lugar de su asignación:

En este punto, observemos de forma más detallada lo que habíamos mencionado en el capítulo anterior. Jesús nació en Belén (Ver Mateo 2:1), creció en Nazaret con sus padres (Ver Lucas 4:16) y por causa de lo profetizado en Isaías capítulo nueve, salió de Nazaret y fue a vivir en Capernaúm, que está junto al mar en la región de Zabulón y de Neftalí. Y aunque no muchos se arrepintieron allí, ese era el lugar donde según el programa del cielo, Él debía residir.

*"... Y dejando a Nazaret, vino y habitó en Capernaum, ciudad marítima, en la región de Zabulón y de Neftalí, **para que se cumpliese lo dicho por el profeta Isaías,** cuando dijo: Tierra de Zabulón y tierra de Neftalí, Camino del mar, al otro lado del Jordán, Galilea de los gentiles; El pueblo asentado en tinieblas vio gran luz; Y a los asentados en región de sombra de muerte, Luz les resplandeció. Desde entonces comenzó Jesús a predicar, y a decir: Arrepentíos, porque el reino de los cielos se ha acercado".* Mateo 4: 13-17 (RVR 1960)

*"Y tú, Capernaum, que eres levantada hasta el cielo, hasta el Hades serás abatida; **porque si en Sodoma se hubieran hecho los milagros que han sido hechos en ti,** habría permanecido hasta el día de hoy. Por tanto os digo que en el día del juicio, será más tolerable el castigo para la tierra de Sodoma, que para ti".* Mateo 11:23-24 (RVR 1960)

149

Algo importante y que no debemos dejar de notar en este pasaje, es que a pesar de que muchos no fueron sensibles allí, Jesús no dejó de hacer los milagros que debía hacer en aquel lugar. Porque trabajaba para su Padre, y nunca dejó que le afectara la insensibilidad de los residentes del pueblo.

La forma como Jesús trabajaba continuamente para cumplir con la asignación que el Padre le había otorgado, revela el modo como nosotros también debemos esforzarnos, pues a quien Jesús tiene como Padre, es también el Padre de nosotros; y de la manera como Él esperaba una vida fructífera de Jesús, espera lo mismo de cada uno de sus hijos; tal como lo expresó el Maestro, en el siguiente texto: *"En esto es glorificado mi Padre, en que ustedes **lleven mucho fruto,** y sean así mis discípulos"*. Juan 15:8 (RVR 1960)

Por lo que la razón de ser de todo cristiano, debería ser vivir para dar fruto. Pero, ¿Cuál es la forma que Dios ha establecido para que seamos fructíferos? Antes que nada, es necesario poner en claro qué **"no es"** ser fructífero: ser fructífero no necesariamente es estar ocupado, no es solo tener un empleo, negocio o cargo determinado. Ser fructífero no es que te conozcan o que por causa de tus funciones, los hombres te reconozcan. **Ser fructífero es:** comprender la asignación que Dios te ha dado y trabajar continuamente para poder llevarla a cabo, del modo como lo hizo Jesucristo.

Pero, ¿cómo podemos lograrlo? La respuesta a esta interrogante, la encontramos en los siguientes versículos del capítulo 15 del libro de Juan.

"Yo soy la vid verdadera, y mi Padre es el labrador. Todo pámpano que en mí no lleva fruto, lo quitará; y todo aquel que lleva fruto, lo limpiará, para que lleve más fruto. Permaneced en mí, y yo en vosotros. Cómo el pámpano no puede llevar fruto por sí mismo, si no permanece en la vid, así tampoco vosotros, si no permanecéis en mí. Yo soy la vid, vosotros los pámpanos; el que permanece en mí, y yo en él, éste lleva mucho fruto; porque separados de mí nada podéis hacer.

En esto es glorificado mi Padre, en que llevéis mucho fruto, y seáis así mis discípulos". Juan 15: 1-2, 4-5, 9(RVR 1960)

En este diálogo de Jesús con sus discípulos, lo primero que Él hace, es que se identifica diciendo: *"Yo Soy la Vid verdadera"*. La vid, es la planta que produce las uvas. Por lo que con dicha declaración, Jesús está diciendo a sus discípulos: "Yo soy la planta que produce las uvas", luego dice: *"Mi Padre es el Labrador"*, quien tiene a cargo cuidar, sustentar y podar la Vid. *"Y todo pámpano que en mi no lleva fruto lo quitará"*.

Ahora bien, si la Vid es la planta, ¿Qué son lo pámpanos? Los pámpanos son las ramas que producen el fruto, pero para que estos pámpanos puedan producir el fruto para el cual han sido creados, tienen que estar conectados a la Vid.

En el verso dos dice: *"Todo pámpano que en mí no lleva fruto, lo quitará; y todo aquel que lleva fruto, lo limpiará, para que lleve más fruto"*.

Algo bastante interesante revelado en este pasaje, es el hecho de que se está responsabilizando de forma absoluta al pámpano, por su productividad o por la falta de esta. Pero, ¿Por qué tiene el pámpano toda la responsabilidad, acerca de su productividad? Porque la Vid representa a Jesús, y los pámpanos salieron de Él; como la Vid Verdadera, Él se encarga de hacer que sus pámpanos sean absolutamente capaces de producir fruto y si no lo hacen, no es porque no pueden, es porque no quieren.

Por esta causa, el pámpano que no lleva fruto, el Padre lo quitara y al que lleve fruto, lo limpiará para que dé más fruto.

Por lo que al hacer una simple paráfrasis de lo dicho por Jesús, obtenemos lo siguiente: *"El que está en mi, puede dar fruto. No importa la guerra que tenga, no importa la oposición que tenga, no importa las aparentes limitaciones que tenga, no importa lo difícil que sea el lugar donde se encuentre; si está en mi, ciertamente puede dar fruto. Si no da fruto, no es porque no puede, es porque quiere; y si no quiere, El Labrador lo va a quitar. Pero al que da fruto, lo va a limpiar para que lleve más fruto del que ha dado ya"*.

Ver. 4 *"Permaneced en mí, y yo en vosotros"*. En esta parte del texto, el Señor establece lo siguiente: *"Yo siempre permaneceré con ustedes, pero ustedes asegúrense de permanecer en mi"*.

"Como el pámpano no puede llevar fruto por sí mismo si no permanece en la vid, así tampoco vosotros, si no permanecéis en mí." En este punto, Jesús aclara que el pámpano no puede llevar fruto por sí mismo, sino que para darlo, debe

permanecer conectado a la Vid.

Ahora bien, como ya dijimos, la vid es la planta que produce las uvas y los pámpanos son las ramas que llevan el fruto. Pero, a diferencia de lo que pasa con otras plantas, si cortas una rama de la vid, no importa donde la siembres, esta no podrá dar ningún fruto, ya que los pámpanos que salen de esta, no tienen vida en sí mismos, sino que para producir frutos, tienen que permanecer conectados a la vid. Es por esto que Jesús dice: *"Así como los pámpanos no pueden dar fruto si no permanece en la vid, así tampoco vosotros, si no permanecen en mí"*. (Ver. 5)

En este punto, es posible que algunos piensen: "Pero hay muchos que no sirven a Dios, por ende no están conectados a Él, y producen muchas cosas; cumplen metas y alcanzan sus sueños". En cuanto a esto, es importante dejar claro, que una cosa es lo que muchos se proponen hacer, y lo logran; y otra muy diferente, es lo que Dios quiere y espera que ellos hagan.

Asi que, no importa que tantos sean los triunfos del humano, si no están conectados a la Vid, el Señor no los califica como verdadero fruto. Por lo que a esto entonces, a la luz de la Palabra y según el diseño que Dios ha trazado para sus hijos, se le llama: resultado de estar ocupado, no resultado de ser productivo. Porque si

> *Una cosa es lo que muchos se proponen hacer, y lo logran; y otra muy diferente, es lo que Dios quiere y espera que ellos hagan.*

lo que logras con tu vida, con tu tiempo, con tus esfuerzos y tus recursos, solo hace que encajes en este sistema vano y pasajero; el cielo no lo reconoce como algo digno de haber sido alcanzado.

La última parte a considerar de este pasaje, es esta: *"En esto es glorificado mi Padre, en que llevéis mucho fruto, y seáis así mis discípulos"*. Juan 15:8

Por causa de esto, todo el que verdaderamente anhela glorificar a Dios, tendrá como prioridad dar cumplimiento a los deseos del Padre, antes que vivir solo para perseguir metas personales, que no esten conforme al deseo del Señor para su vida.

Finalmente, consideremos algunos de los principales enemigos de la productividad, como son los siguientes:

El miedo y la inseguridad:

*"Pero llegando también el que había recibido un talento, dijo: Señor, te conocía que eres hombre duro, que siegas donde no sembraste y recoges donde no esparciste; por lo cual **tuve miedo**, y fui y escondí tu talento en la tierra; aquí tienes lo que es tuyo. Respondiendo su señor, le dijo: Siervo malo y negligente, sabías que siego donde no sembré, y que recojo donde no esparcí. Por tanto, debías haber dado mi dinero a los banqueros, y al venir yo, hubiera recibido lo que es mío con los intereses"*. Mateo 25:24-27 (RVR 1960)

La pereza y La falta de esfuerzo:

"Pasé junto al campo de **un hombre perezoso** *y junto a la viña de un hombre falto de entendimiento. Y he aquí que por todos lados habían crecido ortigas; los cardos habían cubierto el área, y su cerco de piedra estaba destruido. Yo observé esto y lo medité en mi corazón; lo vi y saqué esta enseñanza: Un poco de dormir, un poco de dormitar y un poco de cruzar las manos para reposar. Así vendrá tu pobreza como un vagabundo, y tu escasez como un hombre armado".* Proverbios 24:30-34 (RVA 2015)

La falta compromiso y la inestabilidad:

"Pero en ninguna manera estimo mi vida como valiosa para mí mismo, a fin de poder **terminar mi carrera** *y el ministerio que recibí del Señor Jesús, para dar testimonio solemnemente del evangelio de la gracia de Dios".* Hechos 20:24 (RVR 1960)

PUNTOS A RECORDAR:

1. Dios nunca deja de trabajar; porque así como la propiedad del fuego, es quemar y la del hielo, es enfriar; así la de Dios, trabajar.

2. Fue revolucionario que Jesús enseñara que "Dios trabaja", porque aunque ciertamente descansó de la creación, nunca dejó de preservar y gobernar lo que había creado.

3. El hecho de Jesús trabajar continuamente para cumplir con la asignación que el Padre le había otorgado, revela el modo de conducta por el que también cada uno de nosotros debe ser guiado.

4. Ser fructífero, es comprender la asignación que Dios te ha dado y trabajar continuamente para poder llevarla a cabo, del modo como lo hizo Cristo.

5. Si lo que logras con tu vida, con tu tiempo, con tus esfuerzos y tus recursos solo hace que encajes en este sistema vano y pasajero; el cielo no lo reconoce como algo digno de haber sido alcanzado.

Capítulo 12

LA FIRMEZA DE SU MISIÓN

"Para esto nací... Para esto he venido al mundo".
Juan 18:37 (RVR 1960)

LA FIRMEZA DE SU MISIÓN

*A*bsolutamente todo lo que Dios hace, dice y permite tiene propósito, y jamás carece de sentido. Por tanto, el hecho de enviar a su Hijo al mundo tuvo una razón determinante; y esta fue anunciada por el mismo Jesús en diversas ocasiones, en diferentes espacios y con palabras distintas; aunque con sentido invariable en cada ocasión que la emitía.

La primera vez que Jesús habló de forma pública sobre su misión en la tierra, lo hizo poco después de haber ayunado por 40 días, estando en su aldea natal Nazaret. Donde al entrar en una de las sinagogas en el día de reposo, se dispuso a leer, y al dársele el libro de Isaías, halló el lugar donde estaba escrito: *"El Espíritu del Señor está sobre mí, por cuanto me ha ungido para dar buenas nuevas a los pobres; Me ha enviado a sanar a los quebrantados de corazón; A pregonar libertad a los cautivos, Y vista a los ciegos; A poner en libertad a los oprimidos; A predicar el año agradable del Señor".* Lucas 4:18-19 (RVR 1960)

Luego de esto, observamos que Jesús vuelve a hacer alusión a su misión, diciendo: *"El Hijo del Hombre vino a buscar y a salvar lo que se había perdido"*. **Lucas 19:10** *"Porque no bajé del cielo **para hacer** lo que yo quiero, sino **lo que quiere Dios, quien me envió**"*. Juan 6:38 (PDT)

*"Mi reino no es de este mundo. Si lo fuera, mis servidores habrían luchado para librarme de los judíos. Pero no, mi reino no es de este mundo. Pilato insistió: Entonces, ¿eres rey? Jesús le respondió: Soy rey, como tú dices. Y **mi misión consiste** en dar testimonio de la verdad. Precisamente p**ara eso nací y para eso vine al mundo**. Todo el que ama la verdad escucha mi voz"*. Juan 18:36-37 (DHH)

Al observar estos pasajes, se hace evidente el hecho de que Jesús siempre supo cual era la asignación con la que había venido a la tierra. Y precisamente el hecho de saber para qué hemos venido a la tierra, es lo que determina el nivel de efectividad de la vida que llevamos; porque una cosa es existir, y otra muy diferente, es vivir. Ya que tal como dijo el gran maestro y pastor Myles Munroe: "La peor cosa que puede pasarle a alguien, no es morir; sino existir sin saber la razón por la que ha nacido".

Ahora bien, cabe destacar que nadie podrá saber para que nació, si primero no tiene una identidad clara. Según el diccionario, el término identidad, se define como: "Circunstancia de ser una persona o cosa en concreto, y no otra".

> *Una cosa es existir, y otra muy diferente, es vivir.*

Podemos decir que tenemos un sentido claro de identidad, cuando podemos responder a las siguientes preguntas: ¿QUIÉN SOY? ¿DE DONDE VENGO? Y ¿HACIA DONDE VOY?

Dicho esto, observemos el modo como con toda propiedad Jesús dio respuesta a estas tres interrogantes. Lo que deja claro que Él no solo tenía una clara misión que llevar a cabo, sino también una identidad clara que hacía que Él con nada, fuera mezclado.

➤ ¿QUIÉN SOY?

En siete ocasiones específicas, Jesús dejó claro quien Él es; y todas estas, están registradas en el libro de Juan, tal como podemos observar en los siguientes pasajes:

*"**Yo soy** el pan de vida; el que a mí viene, no tendrá hambre jamás".* Juan 6:35

*"**Yo soy** la luz del mundo. El que me sigue nunca andará en oscuridad, sino que tendrá la luz que da vida".* Juan 8:12

*"De cierto, de cierto os digo: **Yo soy** la puerta de las ovejas".* Juan 10:7

*"**Yo soy** el buen pastor; el buen pastor su vida da por las ovejas".* Juan 10:11

*"**Yo soy** la resurrección y la vida; el que cree en mí, aunque*

esté muerto, vivirá". Juan 11:25

*"**Yo soy** el camino, y la verdad, y la vida; nadie viene al Padre, sino por mí".* Juan 14:6

*"**Yo soy** la vid verdadera, y mi Padre es el labrador".* Juan 15:1

> ➤ **¿DE DÓNDE VENGO?** En este punto, es importante notar que con la misma firmeza que Jesús expresaba "Quien Él era", también dejaba claro cual era "Su procedencia" cada vez que necesitaba hacerlo, tal como lo podemos ver en el siguiente caso:

*"Jesús les contestó: Mi testimonio si tiene valor, aunque lo dé yo mismo a mi favor. Porque yo sé **de dónde vengo** y sé también **a dónde voy**".* Juan 8:14 (DHH)

> ➤ **¿HACIA DÓNDE VOY?** Ante esta interrogante, Jesús también tenía una firme y enérgica respuesta, la cual estaba dispuesto a dar cada vez que le fuera solicitada; tal como podemos verlo a continuación.

*"**Yo vine del Padre** para estar en el mundo y ahora **me voy del mundo para estar con el Padre**".* Juan 16:28 (DHH)

La importancia de tener una identidad clara: Como ya hemos observado, tener una identidad clara, es tener la capacidad de responder a las preguntas: ¿Quién soy? ¿De dónde vengo? Y ¿Hacia dónde voy? Y como ha quedado evidenciado, Jesús tuvo una clara noción de su misión y también de su identidad; lo que le permitía responder de manera firme y sólida en cuanto a su esencia, destino y procedencia. Pero, ¿Por qué es tan importante que nosotros podamos comprender nuestra identidad? Con el fin de dar respuesta a esta interrogante, consideremos los siguientes puntos:

La importancia de saber quienes somos:

> ➤ Saber quién eres, hace que sin importar la presion por la que estés pasando, nadie pueda hacerte dudar de lo que sabes que eres.

> ➤ Saber quién eres, te hace entender la causa por la que tienes que pasar por ciertas cosas.

> ➤ Saber quién eres, te lleva a entender la reacción que otros puedan tener en cuanto a ti.

> ➤ Cuando sabes quién eres, sabes también quién no eres.

> ➤ Saber quién eres, es el antídoto contra el veneno que otros quieran depositar en ti, al decir cosas que no eres.

> ➤ Saber quién eres, te quita la presión de querer convertirte en lo que otros son.

> ➤ Saber quién eres, te hace entender lo que Dios espera de ti.

La importancia de saber de dónde venimos:

➤ Saber de dónde venimos, es comprender cual es la Fuente por causa de la que existimos.

➤ Saber de dónde venimos, nos libera de las suposiciones acerca del origen de donde salimos.

➤ Saber de dónde venimos, nos hace tener confianza en la provisión y el sustento que hay disponible para nosotros, a través de la Fuente de donde salimos.

➤ Saber de dónde venimos, nos evita confundir los canales, con la verdadera Fuente de nuestra bendición.

➤ Saber de dónde venimos, es tener la seguridad de que nuestro soporte y defensa, provienen de Aquel por el cual vivimos.

➤ Saber de dónde venimos, nos hace entender que hay una causa por la que existimos.

➤ Saber de dónde venimos, nos hace tener conciencia sobre el modo como debemos vivir para poder agradar a Aquel de donde procedimos.

La importancia de saber hacia donde vamos:

➤ Saber hacia donde vamos, nos lleva a comprender que la vida solo es un tiempo otorgado y limitado.

➤ Saber hacia donde vamos, nos da la debida conciencia para establecer las prioridades correctas.

➤ Saber hacia donde vamos, nos hace evitar rutas que aunque parezcan ser buenas, simplemente no lo son.

➤ Saber hacia donde vamos, le da sentido a cada paso que conforma nuestro camino.

➤ Saber hacia donde vamos, nos ayuda a entender la necesidad que tenemos de ser guiados por Quien se ha propuesto hacer que lleguemos allí.

➤ Saber hacia donde vamos, hará que desechemos ciertas cosas que aunque otros opten por tenerlas, para nosotros representarían un tropiezo al que no vale la pena prestar atención, contar de ganar el galardón que nos espera al final de la carrera.

➤ Saber hacia donde vamos, hace que no admitamos distracciones ni desviemos nuestro enfoque a ningún camino distinto, al que nos fue señalado.

Dicho esto, volvamos a observar el cuadro presentado en una de las diversas ocasiones, en las que la identidad de Jesús fue puesta a prueba, y el modo como Él se manejó ente está.

"... Mi reino no es de este mundo. Si lo fuera, mis servidores habrían luchado para librarme de los judíos. Pero no, mi reino no es de este mundo. Pilato insistió: Entonces, ¿eres rey? Jesús le respondió: Soy rey, como tú dices. Y **mi misión consiste** *en dar testimonio de la verdad. Precisamente para eso nací y para eso vine al mundo. Todo el que ama la verdad escucha mi voz".* Juan 18:36-37 (DHH)

En este pasaje, podemos observar que Jesús tenia muy claro el hecho de que su reino no era de este mundo. Por tanto, estaba más que consciente de que quienes lo adversaban, lo hacían porque su reino no era de este mundo; y por causa de no serlo, no podía ser comprendido, apoyado ni respaldado por quienes no comprendían la magnitud y la esencia de su reinado.

> *Saber quién eres, es el antídoto contra el veneno que otros quieran depositar en ti.*

La sarcástica interrogante de Pilato, al preguntar a Jesús sobre su reinado, no evidente a ojos carnales y no asimilado por alguien cuya condición espiritual, no le permitía apreciar la magnitud de lo que se estaba llevando a cabo; hace que lo que Pilato no comprende, simplemente lo ponga en tela de juicio. Pero la perspectiva de Pilato, no alteró en lo más mínimo la firme covicción, basada en una identidad firme y en un propósito inamovible, como la que tenía Jesús. Quien ante la burla y el cuestionamiento, encerrados en la expresión: *"Entonces, ¿eres rey?"* pronunció la sólida respuesta: **"Si, soy rey** *como tu lo has dicho. Y* **mi misión consiste** *en dar testimonio de la verdad. Precisamente para eso nací y para eso vine al mundo"*.

Finalmente, al pronunciar las palabras: *"Todo el que es de la verdad escucha mi voz"*, Jesús estaba dejando muy claro que Él comprendía la razón por la que algunos, aún oyendo su mensaje, se negaban a escuchar su voz; y la razón es que solo aquellos que pertenecen a la verdad, son capaces de acatar sus mandatos y obedecer su voz. Por tanto, Él no se enojaba ni se resentía con aquellos que lo rechazaban, sino que les identificaba como aquellos que por causa de no escuchar a Quien habla verdad y Quien es la verdad, no pertenecen a la verdad. Es decir, Jesús sabía que el rechazo mostrado por los judíos, no era resultado de algo que estuviera mal con Él, sino de algo que estaba mal con ellos.

*"Vino a los de su propio pueblo, **pero ellos lo rechaza-ron**; mas a todos los que creyeron en él y lo recibieron, les dio el derecho de llegar a ser hijos de Dios".* Juan 1:11-12 (NTV)

PUNTOS A RECORDAR:

1. Absolutamente todo lo que Dios hace, dice y permite tiene propósito, y jamás carece de sentido.

2. El hecho de tener una identidad clara, implica poder dar respuestas a estas tres interrogantes que son: ¿Quien soy? ¿De donde vengo? y ¿Hacía donde voy?

3. La peor cosa que puede pasarle a alguien, no es morir; sino existir, sin saber la razón por la que ha nacido.

4. Jesús tuvo una clara noción de su misión y también de su identidad, pudiendo responder de manera firme y sólida en cuanto a su esencia, destino y procedencia.

5. Saber hacia donde vamos, nos da la debida conciencia para establecer las prioridades correctas.

Capítulo 13

SU COMPROMISO CON LA ASIGNACIÓN

"… Es necesario que se cumpla en mí, aquello que está
escrito… Porque lo que está escrito de mí, tiene cumplimiento".
Lucas 22:37 (RVR 1960)

SU COMPROMISO CON LA ASIGNACIÓN

"A ellos dijo: Cuando os envié sin bolsa, sin alforja, y sin calzado, ¿Os faltó algo? Ellos dijeron: Nada. Y les dijo: Pues ahora, el que tiene bolsa, tómela, y también la alforja; y el que no tiene espada, venda su capa y compre una. Porque os digo que es necesario que se cumpla todavía en mí aquello que está escrito: Y fue contado con los inicuos; porque lo **que está escrito de mí, tiene cumplimiento**. *Entonces ellos dijeron: Señor, aquí hay dos espadas. Y él les dijo: Basta".* Lucas 22:35-38 (RVR 1960)

La mayoría de estudiosos de la Palabra, están de acuerdo al decir que el capítulo 22 del libro de Lucas, es uno de los pasajes más intensos de toda la Biblia; ya que en el mismo, se registran varios eventos altamente determinantes acerca de la misión de Cristo. Entre los cuales están los siguientes: el modo cómo Satanás se introduce en Judas, el complot para matar a Jesús, su última cena

Cristo, es el tema Central de las Sagradas Escrituras.

171

junto a los discípulos, el anuncio de la negación de Pedro, el arresto de Jesús, entre otros acontecimientos; incluyendo el que acabamos de observar en el pasaje inicial, en el que Jesús da instrucciones a sus discípulos, concerniente a la manera en que serían tratados en su misión de proclamar el Evangelio; y les recuerda además, el cuidado providencial que experimentaron en sus obras evangelísticas previas, cuando fueron sin llevar provisiones, pero el Señor cuidó de ellos.

"¿Tuvieron escasez de algo?" Jesús les preguntó, a lo que ellos respondieron: "no, no la tuvimos". Pero en este pasaje, el Señor estaba advirtiendo a sus discípulos acerca de los tiempos que se aproximaban para ellos; los cuales eran de sufrimiento, escases, persecución, rechazo y dolor; y les instaba a que se prepararan para hacer frente a estos.

Aquí además, Jesús hace una declaración cargada de propósito; y como en otras circunstancias, vuelve a mostrar su alto nivel de compromiso con la asignación que había recibido del Padre; la que estaba completamente determinado a cumplir a cabalidad. *"Porque os digo que es necesario que se cumpla todavía en mí aquello que está escrito: Y fue contado con los inicuos; porque **lo que está escrito de mí, tiene cumplimiento"**.* Lucas 22:37 (RVR 1960)

Este mismo pasaje, en otra de las traducciones, dice lo siguiente: *"Porque les digo que tiene que cumplirse en mí lo que dicen las Escrituras: Lo incluyeron entre los criminales. Porque todo lo que se ha escrito de mí, **tiene que cumplirse"**.* (BLPH)

Es importante considerar que el momento en que esto tiene lugar, es cuando Jesús está próximo a ser arrestado, y aunque en este punto faltaba que acontecieran algunas cosas relevantes para el cumplimiento cabal de su misión en la tierra, también habían transcurrido muchas otras, que se habían cumplido al pie de la letra, conforme a lo que se había profetizado acerca de Él.

De los cuatro evangelios, el libro de Mateo es el que hace mayor énfasis en demostrar que todo lo que se había profetizado en el Antiguo Testamento acerca del Mesías prometido, tuvo cumplimiento en la persona de Jesús. De hecho, solo en este libro la frase: *"Para que se cumpliera lo dicho por el Señor por medio de los profetas"*, aparece no menos de 16 veces.

Sin embargo, como ya hemos observado, el pasaje central de este capítulo no se halla en el libro de Mateo, sino en Lucas. Pero la expresión *"Lo que está escrito de mí tiene cumplimiento"* es tan admirable, que nos inspira a considerar lo que con anterioridad se había profetizado acerca de Jesucristo.

Antes proseguir con el desarrollo de este capítulo, es necesario dejar claramente establecido que Cristo, es el tema Central de las Sagradas Escrituras; y que de forma sorprendente, sin faltar absolutamente nada de lo que se había escrito acerca de Él, todo tuvo su pleno y cabal cumplimiento sin que nadie pueda decir que dichas profecías se escribieron luego de haberse cumplido, porque el Antiguo Testamento fue escrito 450 años antes de que el Señor Jesucristo naciera.

Por otro lado, tampoco se puede decir que Jesús se empeñó en cumplir con tales profecías para validar sus pretensiones mesiánicas, porque el cumplimiento de muchas de estas, no dependía de algo que Él pudiera hacer para que se cumplieran. De manera que las mismas no hubiesen podido cumplirse, a menos que Él no fuera el Mesías prometido en el Antiguo Testamento. Dicho esto, observemos, solo algunas de estas profecías y el modo cómo se cumplieron:

1. En Génesis 3:15 Dios anuncia que el Salvador nacería de una mujer, para dejar establecido que sería un miembro de la raza humana, y no un ser angelical.

2. En el Salmos 78:2 se predijo que usaría parábolas en sus enseñanzas.

3. En Zacarías 9:9 que entraría a Jerusalén, montado sobre un asno.

4. En Salmos 118:22 que sería rechazado por los judíos.

5. En Salmos 41:9 que sería traicionado por uno de los suyos.

6. En Zacarías 11:12 que sería vendido por 30 piezas de plata.

7. En Zacarías 11:13 que ese dinero sería arrojado en

la casa del Señor.

8. En Zacarías 13:7 que sería abandonado por todos sus amigos.

9. En Salmos 35:11 que sería acusado por falsos testigos.

10. En Isaías 50:6 que sería golpeado y escupido.

11. En Salmos 22:7-8 se profetiza que sería burlado.

12. En Salmos 22:16 que sus manos y pies serían traspasados.

13. En Isaías 53:12 que sería muerto entre malhechores.

14. En Isaías 53:13 que oraría por sus perseguidores.

15. En Salmos 22:18 que los soldados al pie de la Cruz, se repartirían entre sí, sus vestidos.

16. En Salmos 69:21 que en su sed le darían a beber vinagre.

17. En Salmos 22:1 que en la Cruz, sufriría el desamparo de Dios.

18. En Isaías 53:9 que sería sepultado en la tumba de un hombre rico, que fue José de Arimatea.

Estas son solo algunas de las 90 profecías y las más de 300 referencias mesiánicas del Antiguo Testamento, que se cumplieron a la perfección en la vida del Señor. Por lo que ciertamente, lo expresado por Cristo, en Lucas 22:37 ***"Todo lo que se ha escrito de mí, tiene que cumplirse"*** tuvo lugar desde el pesebre y hasta el sepulcro, sin faltar ni una tilde a ninguna de estas profecías.

> *El lugar tomado por Jesús entre los malvados, estaba destinado a ser ocupado por cada uno de nosotros.*

De hecho, la profecía alusiva a este dicho específico, se encuentra en Isaías 53:12 donde dice: *"Y fue **contado** entre los malvados, **cuando en realidad** cargó con los pecados de muchos e intercedió por los pecadores".* (DHH)

La ocasión en la que Isaías profetizó este hecho acerca de Jesús, fue en la que también detalló muchos otros de los padecimientos que el Mesías había de experimentar, por causa de su disposición de anular el acta de los decretos que había contra nosotros y que nos era contraria (ver Isaías 53 capítulo completo).

Por lo que el lugar tomado por Jesús entre los malvados, estaba destinado a ser ocupado por cada uno de nosotros (los injustos) pero (Jesús el justo) pagó el precio de nuestros pecados para que a través de dicho pago, nosotros pudiésemos tener acceso directo a Dios. (ver 1 Pedro 3:18).

Sin embargo, resulta ser altamente digno de admiración que al ofrecer su vida para rescatar la de nosotros, padeciendo los más atroces maltratos e injusticias (contado entre los malvados), Jesús no se quejó, no manifestó amargura ni permitió a sus discípulos emitir ningún tipo de defensa a favor de Él, sino que con toda firmeza y un impresionante nivel de compromiso, expresó:

*"Les digo que tiene que cumplirse en mí lo que dicen las Escrituras: **Lo incluyeron entre los criminales.** Porque **todo** lo que se ha escrito de mí, **tiene que cumplirse"**.* (BLPH)

En este punto, es de suma importancia comprender que así como había un "guión" escrito acerca del modo como Jesús debía vivir para cumplir con su misión, también en cuanto a la manera en que el Señor espera que nosotros vivamos, se ha hecho un escrito. Tal como lo expresa el Salmo 139:16 al decir:

*"Me viste antes de que naciera. Cada día de mi vida estaba **registrado en tu libro.** Cada momento fue **diseñado antes de que un solo día pasara"**.* (NTV)

Finalmente, considerando que Jesús estuvo dispuesto a padecer tanto por amor a nosotros, y observando el alto nivel de compromiso que tuvo al hacerlo, ¿Hasta dónde estaríamos dispuestos nosotros, a padecer por amor a Él?

¿En qué grado de prioridad tenemos el hecho de dar cumplimiento a la voluntad de Dios para nuestras vidas?

¿Estaríamos dispuestos a sacrificar nuestra comodidad e interrumpir nuestra agenda para hacer que se cumpla el deseo de Dios para nosotros?

¿Hasta qué punto estaríamos dispuestos a sacrificar nuestros intereses para remplazarlos por los intereses del Señor, para con nosotros?

El amor que decimos sentir por Jesús, ¿Es suficiente para que le dediquemos nuestra vida por completo, sin importar lo que esto pueda llegar representar?

"Algunos cristianos jamás han intentado pensar si morirían o no por Jesús, porque en realidad, ni siquiera han comenzado a vivir por Él, del modo como deberían hacerlo". DC Talk

PUNTOS A RECORDAR:

1. Cristo es el tema Central de las Sagradas Escrituras, y de forma sorprendente, todo lo que se había escrito acerca de Él, tuvo su pleno y cabal cumplimiento.

2. Solo en el libro de Mateo, la frase: *"Para que se cumpliera lo dicho por el Señor por medio de los profetas"*, aparece no menos de 16 veces.

3. Así como había un "guion" escrito acerca del modo como Jesús debía vivir para cumplir con su misión, también acerca del modo como el Señor espera que nosotros vivamos, se ha hecho un escrito.

4. Considerando que Jesús estuvo dispuesto a padecer tanto por amor a nosotros, ¿Hasta dónde estaríamos nosotros dispuestos a padecer por amor a Él?

5. Algunos cristianos jamás han intentado pensar si morirían o no por Jesús, porque en realidad, ni siquiera han comenzado a vivir por Él, del modo como deberían hacerlo.

Capítulo 14

SU DETERMINACIÓN ANTE LA AFLICCIÓN

"Cuando se cumplió el tiempo en que él había de ser recibido arriba, afirmó su rostro para ir a Jerusalén". Lucas 9:51 (RVR 1960)

SU DETERMINACIÓN ANTE LA AFLICCIÓN

A través de todas las Sagradas Escrituras, podemos observar que a Dios nada lo sorprende. Él conoce, y de hecho es Quien ha determinado el tiempo específico para que algunos acontecimientos tengan lugar; tal como podemos observarlo en los siguientes versículos:

*"Entonces Jehová dijo a Abram: Ten por cierto que tu descendencia morará en tierra ajena, y será esclava allí, y será oprimida **cuatrocientos años"**.* Génesis 15:13 (RVR 1960)

*"...¡Aún no había vivido un solo día, cuando tú ya habías decidido **cuánto tiempo viviría"**.* Salmos 139:16 (TLA)

*"Pero **cuando vino el cumplimiento del tiempo**, Dios envió a su Hijo, nacido de mujer y nacido bajo la ley".* Gálatas 4:4 (RVR 1960)

*"**Cuando se cumplió el tiempo** en que él había de ser*

recibido arriba, (Jesús) afirmó su rostro para ir a Jerusalén". Lucas 9:51 (RVR 1960)

La manifestación de Cristo en la tierra, tuvo lugar en términos humanos, pero también en términos divinos; ya que a pesar de identificarse con el género humano haciéndose semejante a los hombres, en Él también habitó corporalmente toda la plenitud de la deidad (Ver Colosenses 2:9). Por eso Jesús conocía, absolutamente todos los detalles de los padecimientos que estaban divinamente agendados para Él. En términos divinos los conocía por Su revelación como Dios, y en términos humanos, los conocía por su nivel de conexión con el Padre. Conexión que lo guiaba continua e infaliblemente en cada aspecto de Su vida, como podemos observarlo en el texto siguiente:

Jesús conocía, absolutamente todos los detalles de los padecimientos que estaban divinamente agendados para Él.

*"... Jesús les dijo: Les aseguro que yo, el Hijo de Dios, no puedo hacer nada por mi propia cuenta. **Sólo hago lo que veo que hace Dios, mi Padre**".* Juan 5:19 (TLA)

Este pasaje, expresa el modo como Jesús respondió a los judíos, cuando cuestionaron el hecho de que Él sanara a un paralítico en el día de reposo. Pero el punto que queremos resaltar del mismo, es que todo lo que Jesús hacía, era porque estaba guiado por la conexión que tenía con el Padre. Esto era una realidad en cuanto a su agenda ministerial, como también en cuanto a los más mínimos detalles de su vida, en término integral. Dicho esto, volvamos a considerar lo expresado en Lucas 9:51 *"Cuando se cumplió el tiempo en que él había de ser recibido arriba, afirmó su rostro para ir a Jerusalén"*.

Esta acción, nos hace volver a recordar lo que ya resaltamos en el capítulo anterior, acerca de lo expresado por Jesús, en el libro de Lucas 22:37 diciendo: *"Lo que está escrito de mi, tiene cumplimiento"*, debido a que tal acción, responde a lo que había sido predicho por el profeta Isaías, al decir: *"Porque Jehová el Señor me ayudará, por tanto no me avergoncé; por eso puse mi rostro como un pedernal, y sé que no seré avergonzado"*. Isaías 50:7 (1960 RVR)

Jesús no solo mostró una absoluta obediencia en cuanto a las indicaciones que el Padre le daba acerca de otros, sino en todas las instrucciones que le daba en cuanto a Él mismo, sin importar qué tan dolorosas estas fueran. Por tanto...

Cuando se cumplió el tiempo: Cuando había llegado el momento de dar cumplimiento cabal a la agenda divina; cuando la tierra tenía que despedirlo para ser recibido arriba; cuando según la agenda del cielo, debía entregar su vida...

Afirmó su rostro para ir a Jerusalén: La expresión "afirmó su rostro", hace referencia al hecho de que sin ningún tipo de doblez, se propuso llegar y cumplir con lo que debía tener lugar en Jerusalén. El término "afirmó" utilizado en este pasaje viene de la raíz griega "sumpleroo" y se traduce como: "abnegarse, cumplir y llegar". De hecho, en la versión Nueva Biblia de las Américas (NBLA) este pasaje, se lee de la forma siguiente:

*"Sucedió que cuando se cumplían los días de su ascensión, Jesús, **con determinación,** afirmó Su rostro para ir a Jerusalén".* *Y precisamente, a este hecho hace referencia Isaías, al decir: "Porque Jehová el Señor me ayudará, por tanto no me avergoncé; por eso **puse mi rostro como un pedernal** y se que no seré avergonzado".* Isaías 50:7

Al poner firme su rostro o "poner el rostro como un pedernal", Jesús tomó la determinación de seguir adelante, a pesar de lo difícil y cruel del acontecimiento al que debía enfrentarse, para dar cumplimiento cabal a la asignación que le había sido otorgada por el Padre. Pero, ¿Rumbo a qué, exactamente, iba Jesús?

Con dicha determinación y valentía, Jesús avanzaba hacia el clímax de la historia redentora, al objeto necesario de la fe salvadora y a la única esperanza de vida eterna, para la humanidad pecadora; ignorando los intentos de sus discípulos para convencerlo de que no fuera al lugar donde procuraban matarle; rechazando la oportunidad que tuvo de retractarse de tomar la amarga copa que se le había dado, menospreciando la traición, el abandono, las burlas, los azotes, la corona de espinas

> *Jesús tomó la determinación de seguir adelante, a pesar de lo difícil y cruel del acontecimiento al que debía enfrentarse.*

y los clavos.

Por esta causa, en los cuatro evangelios se le dedica tanto espacio a los eventos que ocurrieron en esos últimos días de la vida de Cristo, conocidos como la Semana de la Pasión.

> ➤ El evangelista Mateo, le dedica un cuarto de su evangelio.

> ➤ El evangelista Marcos, le dedica un tercio.

> ➤ El evangelista Lucas, le dedica un quinto.

> ➤ Y él apóstol Juan, le dedica la mitad de su evangelio.

Ahora bien, consideremos por un momento lo que acontece con Jesús al llegar a Jerusalén. Recordando que en esos precisos días, había de ser celebrada la fiesta de la Pascua, y para celebrarla al junto de sus discípulos, Jesús tenía un lugar previamente dispuesto, en el que les aseguró que sería la última cena que tendría con ellos, hasta el día en que vuelva a gustar del fruto de la vid junto a ellos, en el Reino de los Cielos (Ver Mateo. 26:29).

En esta última cena, Jesús anunció tres acontecimientos que tendrían lugar aquella misma noche:

1. **La traición de Judas:** *"Aquella noche, mientras comía con los doce, dijo: **Uno de ustedes me va a traicionar**".* Mateo 26:21 (NTV)

2. **El abandono de sus discípulos:** *"Todos vosotros os escandalizareis de mi esta noche;* **porque escrito está:** *Heriré al pastor y las ovejas del rebaño serán dispersas".* Mateo 26:31

3. **La negación de Pedro:** *"Respondiendo Pedro, le dijo: Aunque todos se escandalicen de ti, yo nunca me escandalizaré. Jesús le dijo: De cierto, de cierto te digo, que esta noche, antes de que el gallo cante, me negarás tres veces".* Mateo 26:33-34

Jesús ora y es arrestado en Getsemaní

"Y saliendo, se fue, como solía, al monte de los Olivos; y sus discípulos también le siguieron. Cuando llegó a aquel lugar, les dijo: Orad que no entréis en tentación. Y él se apartó de ellos a distancia como de un tiro de piedra; y puesto de rodillas oró, diciendo: Padre, si quieres, pasa de mí esta copa; pero no se haga mi voluntad, sino la tuya. Y se le apareció un ángel del cielo para fortalecerle. Y estando en agonía, oraba más intensamente; y era su sudor como grandes gotas de sangre que caían hasta la tierra". Lucas 22:39-44 (RVR 1960)

La referencia cruzada de este pasaje, ubicada en el libro de Mateo 26:36-39, dice: *"Entonces, llegó Jesús con ellos a un lugar que se llama Getsemaní, y dijo a sus discípulos: Sentaos aquí, entre tanto que voy allí y oro. Y tomando a Pedro, y a los dos hijos de Zebedeo, comenzó a entristecerse y a angustiarse en gran manera. Entonces, Jesús les dijo: Mi alma está muy triste, hasta la muerte; quedaos aquí, y velad conmigo. Yendo un poco adelante, se postró sobre su rostro, orando y diciendo: Padre mío, si es posible, pase de mí esta copa; pero no sea como yo quiero, sino como lo quieres tú".* Mateo 26:36-39 (RVR 1960)

Ahora, con el fin de poder comprender mejor este tan importante momento de la vida de Jesús, observemos en detalle algunos de los puntos implícitos en el acontecimiento:

Entonces llegó Jesús con ellos a un lugar que se llama Getsemaní: La ubicación del Getsemaní, está justo al este del templo en Jerusalén, específicamente, por el arroyo de Cedrón y en las faldas del monte de los Olivos.

El término "**Getsemaní**", significa "prensa de aceite" y era allí, donde las aceitunas eran aplastadas para proveer de aceite a toda la comunidad; de la misma manera como también el Hijo de Dios, sería "procesado", con el fin de cumplir con el propósito para el cual había venido a la tierra.

La Biblia dice que Jesús, escogió este huerto y no otro de los que habían en Jerusalén, porque Judas conocía el lugar (ver Juan 18:2) y la intención de Jesús era retirarse para orar; no ocultarse para evitar lo que debía de pasar. De hecho, al hacer referencia a la traición de Judas, el apóstol Juan relata lo siguiente: *"Tan pronto como Judas recibió el pan, Satanás entró en su corazón, y Jesús le dijo: —**Lo que vas a hacer, hazlo pronto".** Juan 13:27 (DHH)

Dicho esto, consideremos detalladamente lo que dijo Jesús en el texto de Mateo, tomado para el desarrollo de este capítulo:

Mi alma está muy triste, hasta la muerte: En la traducción original, estas palabras expresan el mayor nivel de dolor que alguien pueda ser capaz imaginar. Lo que pone en evidencia, que el hecho de tener una determinación firme de obedecer a Dios, como la que tenía Cristo, no significa que no tendremos que enfrentar profundos sentimientos de presión, soledad, angustia y tristeza.

Jesús estaba angustiado por la terrible aflicción que le esperaba, pero la tristeza que embargaba Su corazón (más que por la misma muerte de cruz) se debía al peso que sentía por ponerse en el lugar de los pecadores, merecedores de juicio; causa por la que tendría que pasar por un momento, en el que experimentaría el abandono del Padre, como parte del terrible castigo espiritual que debíamos enfrentar nosotros. Pero que por su infinito amor e indescriptible misericordia, Él se dispuso a sufrir por nosotros. Tal como lo expresa el apóstol Pablo al decir: *"Al que no conoció pecado, por nosotros lo hizo pecado para que nosotros fuésemos hechos justicia de Dios en él"*. 2 Corintios 5:21 (RVR 1960)

Si es posible, pase de mí esta copa: La razón por la que no era posible que el Padre pasara de Su Hijo, la copa que le había dado a tomar, es porque era imposible que la salvación llegara a través de alguna otra manera a la raza humana. Si hubiese habido otra forma de ser justificados ante Dios, entonces la muerte de Jesús hubiese sido innecesaria.

Pero, ¿Qué significaba la **copa**? En términos bíblicos la

copa representa destino, y una imagen contundente de la ira y el juicio de Dios; tal como lo expresa el siguiente pasaje: *"El Señor tiene en la mano la copa de su ira, con vino mezclado y fermentado. Cuando él derrame el vino, todos los malvados de la tierra lo beberán hasta la última gota"*. Salmos 75:8 (DHH)

Jesús fue juzgado y sentenciado a beber la copa de la ira del Padre, para que nosotros no tuviéramos que tomarla. En este punto, es importante considerar que esta lucha tuvo un lugar importante en el cumplimiento del plan de redención de Dios; pues si Jesús hubiese fallado allí, también habría fallado en la cruz. Por ende, Su victoria allí, fue la plataforma para el triunfo que obtuvo con su muerte en la Cruz.

> *Jesús fue juzgado y sentenciado a beber la copa de la ira del Padre, para que nosotros no tuviéramos que tomarla.*

¿Por qué su muerte tenía que ser en una cruz y durante el tiempo de la pascua?

La muerte de Cruz, experimentada por nuestro Señor Jesucristo, no fue accidental en ningún sentido, sino que Dios estaba detrás de cada uno de estos eventos, controlando cada detalle, para que todo sucediera de la forma precisa y en el momento exacto, según lo que Él tenía planificado. Es decir, el Padre no solo había determinado que Cristo iba a morir, sino también la forma específica cómo debía hacerlo.

191

Dios en su soberanía, guió todas las cosas para que Cristo muriera en la Cruz del Calvario, como un sacrificio sustitutivo de los pecadores que Él había venido a salvar. Es por esto que los evangelios sinópticos, que son: Mateo, Marcos y Lucas, conectan la muerte de Cristo con la fiesta de la Pascua, y aunque ya mencionamos esta fiesta en uno de los capítulos anteriores, ahora procederemos a dar más detalles acerca de la misma:

La fiesta de la Pascua, se celebraba a la mitad del mes de Nissan; que en nuestro calendario está entre el mes de Marzo y Abril.

Para este tiempo por orden de Dios, los israelitas sacrificaban un cordero en la tarde del día catorce, que luego debían de comerse esa noche en familia. Pero debido a que los judíos contabilizan los días de caída de sol a caída de sol, el cordero pascual sacrificado el día 14 en la tarde, era comido el día 15 en la noche e inmediatamente después, comenzaba la fiesta de los Panes Sin Levadura; en la que los judíos recordaban por dos semanas consecutivas, su salida de la esclavitud que vivieron en la tierra de Egipto. Es decir, el éxodo de la opresión por parte de los egipcios.

Estas dos fiestas, estaban tan relacionadas una con la otra, que a menudo ambas eran señaladas simplemente, como la Fiesta de la Pascua.

¿Cuál era el significado de la fiesta de la Pascua?

Durante la Pascua, los israelitas recordaban la forma milagrosa como Dios los había liberado, enviando a Moisés al Faraón para decirle: *"Deja libre a mi Pueblo los hijos de Israel"*. Pero el Faraón se negó a hacerlo; así que Dios envió diez plagas sobre la nación de Egipto, siendo la última la más terrible de todas, porque se basaba en la muerte de todos los primogénitos que había sobre aquella tierra. Ahora bien, quizás para muchos resulte ser incomprensible que Dios envíe un juicio tan terrible como ese, pero la Biblia dice en Romanos 6:23, que la paga del pecado es la muerte.

Por lo que todos nosotros, cada día merecemos morir por causa de nuestros pescados; el hecho de que sigamos vivos a pesar de que pecamos, es solo por causa del gran amor y la infinita misericordia de nuestro Señor Jesucristo, a favor de nosotros.

Asi que, tarde o temprano el juicio vendrá sobre los pecadores, como vino aquella noche del día 15 del mes de Nissan, sobre la nación de Egipto; día en el que en todas las casas de aquella tierra, había un muerto por causa de la manifestación de la justa ira de Dios.

En este punto, cabe destacar que no solo las casas de los egipcios estaban bajo amenaza de muerte, sino también las casas de los judíos; porque como dicen algunos comentaristas: Dios no iba a pasar por alto a los judíos, solo por ser judíos. Pero si, en medio de este juicio, el Señor manifestó su misericordia al proveer una vía de escape, que consistía en sacrificar un cordero y pintar los dinteles y los postes de las puertas con la sangre de este, como una señal de que ellos habían depositado su fe, en ese medio provisto por Dios para ser salvos de aquel terrible momento. De manera que aquella noche en todas las casas de Egipto, había un hijo muerto o había un cordero muerto. No había otra alternativa. Porque Dios había determinado hacer caer su justa ira, sobre toda la nación aquella noche.

Al día siguiente, los que se negaron a escuchar la voz de Dios, estaban llorando un hijo. Pero los que le obedecieron y aceptaron el refugio provisto por Él, vieron al ángel de la muerte pasar de largo por encima de sus casas. Por esto, a esta fiesta se llama la "Pascua", que significa "pasar por encima". Porque en ella, la ira de Dios pasó de largo sobre todas las casas que se refugiaron por fe, en aquel sacrificio sustitutivo que apuntaba hacia el Cordero que Dios había de proveer cientos de años más tarde, en la persona de nuestro bendito, glorioso, excelso y maravilloso Señor Jesucristo.

Por tal razón, la Cruz no fue el plan B de Dios cuando los judíos decidieron rechazar a su Mesías, sino que siempre fue la única alternativa viable para poder salvar a pecadores culpables, sin pasar por alto la justicia de Dios. Y aunque puede que sea incomprensible para nosotros, la Cruz y todos los que habían de ser salvos por ella, estuvo en la mente de Dios desde la eternidad. Es por esto que en Apocalipsis 13:8 habla de los impíos como aquellos, cuyos nombres no estaban escritos en el libro de la vida del **Cordero que fue inmolado desde antes de la fundación del mundo.** A este punto, el apóstol Pedro hace referencia de la siguiente manera:

*"Sabiendo que fuisteis rescatados de vuestra vana manera de vivir, la cual recibisteis de vuestros padres, no con cosas corruptibles, como oro o plata, sino con la sangre preciosa de **Cristo, como de un cordero sin mancha y sin con-***

***taminación, ya destinado desde antes de la funda-
ción del mundo,*** *pero manifestado en los postreros tiempos por amor de vosotros y mediante el cual creéis en Dios,
quien le resucitó de los muertos y le ha dado gloria, para que
vuestra fe y esperanza sean en Dios".* I Pedro 1:18-21 (RVR
1960)

Estos pasajes comprueban que antes de la creación, ya Dios
había determinado que el único medio de salvación habría de
ser provisto a través de la muerte sustitutiva de la segunda
persona de la Trinidad, que es Dios el Hijo; y nunca hubo otra
alternativa que no fuera esta. Por causa de esto, Cristo tenía
que morir en una cruz; no ahogado, no ahorcado, no apedrea-
do; sino en una cruz.

Arrojando aún más luz a esto, el libro de Deuteronomio 21:23
dice: *"Maldito todo el que es colgado en un madero".* Por lo
que por medio de su muerte, Cristo tomó nuestra maldición
en la Cruz, para que nosotros pudiéramos ser partícipes de su
bendición, por medio de la fe.

"Al que no conoció pecado, ***por nosotros lo hizo pecado,*** *para que nosotros fuésemos hechos justicia de Dios en
él".* 2 Corintios 5:21 (RVR 1960)

"Cristo nos redimió de la maldición de la ley, ***hecho por
nosotros maldición*** *(porque está escrito: Maldito todo el
que es colgado en un madero)".* Gálatas 3:13 (RVR 1960)

El modo como el apóstol Pablo aplica lo dicho en el libro de
Deuteronomio, acerca de la muerte de cruz, hace que sea aún

más compresible la razón por la que esa era exactamente la muerte, de la que debía padecer Jesús. ¡Gloria a Dios por esto!

Asi que en Su Soberanía, Dios orquestó todas las cosas para que Cristo muriera como murió. En efecto, cuando solo faltaban dos días para que experimentara los terribles padecimientos a los que fue expuesto, el Señor le reveló a sus discípulos que Él había de ser entregado para ser crucificado; (Ver Mateo 26:2) y al hecho de tener que pasar por esto, Jesús no le llamó "el daño que sus enemigos le quisieron hacer", sino **"la copa que el Padre le había dado a beber"**. Porque según la asignación que Dios el Padre le había encomendado, todas estas cosas tenían suceder.

"Jesús entonces dijo a Pedro: Mete tu espada en la vaina; la copa que el Padre me ha dado, ¿no la he de beber?". Juan 18:11 (RVR 1960)

Finalmente, observemos lo que dice este mismo pasaje, pero en una versión diferente: *"De inmediato, Jesús le dijo a Pedro: Guarda tu espada. **Si mi Padre me ha ordenado que sufra,** ¿crees que no estoy dispuesto a sufrir?"*. Lucas 18:11 (TLA)

¡Bendito y adorado por siempre sea el Señor! Por haberse dispuesto a obedecer y padecer hasta los sumos, para aplastar la desobediencia en la que la raza humana había incurrido.

PUNTOS A RECORDAR:

1. Jesús, no solo mostró una absoluta obediencia en cuanto a las indicaciones que el Padre le daba acerca de otros, sino que estuvo siempre dispuesto a obedecer todo lo que se había escrito de Él, sin importar que tan doloroso fuera.

2. Tener una determinación firme de obedecer a Dios como la que tenía Cristo, no significa que no tendremos que enfrentar profundos sentimientos de presión, soledad, angustia y tristeza.

3. Dios en Su Soberanía, guió todas las cosas para que Cristo muriera en la Cruz del Calvario, como un sacrificio sustitutivo de los pecadores que Él vino a salvar.

4. Nosotros cada día merecemos morir por causa de nuestros pecados, y el hecho de que sigamos vivos a pesar de que pecamos, es solo por causa de la infinita misericordia de nuestro Señor.

5. Cristo nos redimió de la maldición de la ley y fue **hecho maldición por nosotros.** Porque escrito está: Maldito todo el que es colgado en un madero. (Ver Deuteronomio 21:23)

Capítulo 15

SU COMPRENSIÓN ANTE LA GUERRA

"… Si yo oro a mi Padre Él me daría más de doce legiones". Mateo 26:53 "Pero esta es la hora de las tinieblas". Lucas 22:53

SU COMPRENSIÓN ANTE LA GUERRA

"*Entonces, Simón Pedro, que tenía una espada, la desenvainó, e hirió al siervo del sumo sacerdote, y le cortó la oreja derecha. Y el siervo se llamaba Malco*". Juan 18:10 (RVR 1960)

"*Entonces Jesús le dijo: Vuelve tu espada a su lugar, porque todos los que tomen espada, a espada perecerán. ¿Acaso piensas que no puedo ahora orar a mi Padre, y que él no me daría más de doce legiones de ángeles?*". Mateo 26:52-53 (RVR 1960)

Estos pasajes, nos muestran como cuando fueron a prender a Jesús con espadas y palos, Pedro quiso defenderle echando mano a una espada. Pero resulta interesante ver como ante tal acción, el Señor no lo alabó ni lo reafirmó; sino que lo confrontó con una de las declaraciones más poderosas hechas por Jesús, en los evangelios: "*¿Acaso piensas que no puedo ahora orar a mi Padre, y que Él no me daría más de doce le-*

giones de ángeles?". En esta expresión, encontramos cuatro puntos sumamente interesantes, y son los siguientes:

1. Las crisis de la vida, no siempre se manejan con la fuerza humana, porque se pueden complicar.

2. La oración, es el recurso más hermoso y confiable frente a las circunstancias adversas: *"¿Acaso piensas que no puedo orar?"*.

3. El Padre siempre responderá en su tiempo y a su manera, a las peticiones que le hacemos en oración: *"¿y que Él no me daría?"*.

4. Los recursos de Dios, van mucho más allá de lo que nuestra mente limitada es capaz de procesar en el ambiente de crisis: *"Más de doce legiones de ángeles"*.

En este último señalamiento, podemos ver algo muy poderoso, y es que el Señor habla de **más de doce legiones de ángeles.** Lo que para poder comprender mejor, haremos las siguientes consideraciones:

¿Qué es una legión? La palabra legión, es un término militar del sistema romano. Una legión hacía referencia a un grupo de por lo menos 6,000 soldados; y en ocasiones podían ser más, pero nunca podían ser menos. Dicho esto, consideremos que el Señor no le dijo a Pedro que el Padre le daría una legión, sino por lo menos doce legiones de ángeles.

Si hacemos una sencilla fórmula matemática, nos damos cuenta que 6,000 x 12 son 72,000 ángeles que el Padre estaría dispuesto a enviar para ejercer defensa a favor de su Hijo, con una sencilla oración que este hiciese. Pero asombrosamente, el Señor no habló de doce legiones, sino de más de doce. De manera que el número no está determinado, pero sería mucho más de 72,000 ángeles. Por lo que esa noche, mientras esto sucedía en Getsemaní, habían más de 72,000 ángeles listos, sencillamente, esperando la orden del Padre como respuesta a la oración de su Hijo.

"Todo cuanto el SEÑOR quiere, lo hace, en los cielos y en la tierra, en los mares y en todos los abismos". Salmos 135:6 (LBLA)

Pedro, no me defiendas...

Partiendo de lo antes dicho, consideremos lo siguiente: Si el Señor estaba hablando de más de 72,000 ángeles, ¿Cuál sería la fuerza combinada de más de doce legiones de ángeles? Nuestro asombro va en aumento al considerar pasajes como el de Isaías 37:36, donde dice lo siguiente: *"Y salió el ángel de Jehová y mató a ciento ochenta y cinco mil en el campamento de los asirios; y cuando se levantaron por la mañana, todo era cadáveres".*

Entonces, si un sólo ángel pudo matar a 185,000 soldados en una sola noche, la fuerza combinada de 6,000 ángeles sería capaz de destruir un billón ciento diez millones de hombres.

Esa sería la fuerza combinada de una legión. Pero el Señor

203

habló de que el Padre le daría más de doce legiones de ángeles; entonces, ¿Cuál sería la fuerza combinada de doce legiones? Multiplicamos nuevamente y encontramos que sería la asombrosa cifra de trece billones, trescientos veinte millones de hombres aniquilados por los ángeles. Lo cual es, dos veces el número de seres vivientes que actualmente habita en toda la Tierra. Así que, definitivamente, Jesús no necesitaba de la espada de Pedro aquella noche, ya que tenía a su disposición la fuerza combinada de más de doce legiones de ángeles dispuestos a defenderlo.

"Pues el dará órdenes a sus ángeles acerca de ti, para que te guarden en todos tus caminos". Salmos 91:11 (LBLA)

"El ángel de Jehová acampa alrededor de los que le temen, Y los defiende". Salmos 34: 7 (RVR 1960)

Aprendamos la lección...

Entonces, ¿Significa lo dicho anteriormente, que no tenemos que pasar por crisis ni dificultades, porque podemos pedir a Dios miles de ángeles para que nos defiendan? De ninguna manera, porque ni Jesús lo hizo, pudiendo hacerlo.

Sin embargo, la lección que nos da este pasaje es la siguiente: La riqueza espiritual que tenemos disponible en el cielo, no es para que tomemos atajos ni nos acomodemos ante las diferentes circunstancias de la vida, sino para que descansemos, sabiendo que no estamos solos y que por ende, no debemos tomar las cosas por nuestras propias manos. Porque no es con espada ni con ejércitos que ganaremos esto, sino con el Espíritu del Señor. Así que, no intentemos manipular a Dios con nuestra arrogancia espiritual ni huyamos de las noches oscuras que Él nos permite pasar. En vez de esto, dispongamos nuestro espíritu a resistir las dificultades de la vida, sabiendo que Dios nos mira y espera poder decirnos en algún momento: *¡Qué bueno, que resististe! ahora ha llegado el momento de tu recompensa, porque soportaste y lo hiciste bien"*.

La grandeza de la vida en Dios, no está en pedir milagros; sino en ser un milagro para otros quienes al ver cómo en medio de nuestras crisis, pudimos mantener nuestra confianza en el Señor, ellos también puedan hacer lo mismo. Y precisamente basado en su confianza en el Señor, el patriarca Job, en medio de los terribles ataques que tuvo que enfrentar, dijo lo siguiente: *"Yo sé que mi redentor vive y que al final triunfará sobre la muerte. Y cuando mi piel haya sido destruida, todavía veré a Dios con mis propios ojos. Yo mismo espero verlo; espero ser yo quien lo vea, y no otro. ¡Este anhelo me consume las entrañas!"* Job 19:25-27 (NVI)

> *La grandeza de la vida en Dios, no está en pedir milagros; sino en ser un milagro para otros.*

Pero esta es la hora de las tinieblas...

*"El Hijo del hombre **tiene que morir tal como está escrito**. Pero, ¡pobre de aquel que traicione y entregue al Hijo del hombre! Más le valdría no haber nacido".* Mateo 26:24 (PDT)

Este pasaje es uno de los varios, que demuestran que el Señor no fue tomado por sorpresa en cuanto al modo como había de ser entregado. Por tal motivo, tomar la decisión de escapar, hubiese sido la cosa más fácil del mundo. Pero Él evitó de forma intencional, cualquier palabra o acción que pudiera contribuir a la evasión de aquella terrible tribulación.

De hecho, como ya vimos en el libro de Mateo 26:53, Cristo le hace saber a Pedro que con sólo pedírselo al Padre, Él hubiese tenido a Su disposición más de doce legiones de ángeles. Y en Juan 18:6, vemos que en el momento en que la turba se presentó para arrestarle y el Señor se identificó a Sí mismo, diciendo: "YO SOY", todos fueron derribados a tierra por tan solo Él, emitir su voz.

Por lo que sin lugar a duda, Cristo habría podido impedir que lo arrestaran, pero no lo hizo porque Él había venido a morir por los Suyos; y para poder cumplir con la causa por la que había venido, el arresto estaba necesariamente incluido. Por lo que luego de lo acontecido en Getsemaní, el camino estaba trazado sin posibilidad de cambio; la agenda profética en cuanto a dichos padecimientos era: primero el arresto, luego el juicio, luego los azotes y finalmente la muerte de cruz.

Esta fue la causa por la que Jesús estaba en el huerto aquella noche; estaba allí dando el paso que debía dar; para que lo que se escribió acerca de Él, tuviera cumplimiento cabal. Con referencia a esto, el libro de Lucas 22:52-53 dice lo siguiente: "Luego, Jesús les dijo a los principales sacerdotes, a los jefes de la guardia del templo y a los ancianos, que habían venido contra él: *«¿Han venido con espadas y palos, como si* *fuera yo un ladrón?. Todos los días he estado con ustedes en el templo, y no me pusieron las manos encima. **Pero ésta es la hora de ustedes, la hora del poder de las tinieblas**".*

Estas palabras, nos enseñan que ese tiempo, había sido señalado en los decretos divino. De hecho, en el texto paralelo de Mateo 26:55, Cristo añade lo siguiente: *"**Mas todo esto sucede, para que se cumplan las Escrituras de los profetas, acerca de mi**".*

Por lo que a través de la acción de aquel batallón, Dios el Padre estaba llevando a cabo Su plan soberano de redención; aunque al mismo tiempo, ellos eran responsables de sus acciones. Por esta razón, haciendo una simple paráfrasis de lo dicho por Jesús a quienes fueron a arrestarle, obtenemos lo siguiente:

"Ustedes decidieron hacer lo que están haciendo en esta hora, porque no pudieron prenderme en otro momento. Sin embargo, esta es la hora en la que debe cumplirse esto. Así que, el hecho de haber llegado el momento para que se cumpla esto, es lo que también ha activado en ustedes la decisión de hacerlo.Por lo que sus acciones en este momento, solo están haciendo que lo que está escrito acerca de mí, tenga su debido cumplimiento".

Pero esto no quiere decir que ellos actuaron en inocencia, ya que todo cuanto hicieron esa noche, era lo que querían hacer desde hacía mucho tiempo (matar a Cristo) y lo hicieron, movidos por su odio (Ver Hechos 2:23, 36-38; 3:13-15) y al hacerlo, sin saberlo, se convirtieron en contribuyentes especiales del propósito eterno de Dios.

Así que la razón por la que Jesús le llama a esta hora: **"la hora de las tinieblas"** es porque Dios la había reservado, para que en esta terrible hora, Satanás tuviera rienda suelta.

A diferencia del caso de Job, en el que Dios le puso un límite a la actividad de Satanás; en la experiencia de Cristo, no hubo límite para ejercer su ataque. Él era libre para hacer lo peor y, precisamente, eso fue lo que hizo.

Sólo eso puede explicar la crueldad irracional que toda esta gente volcó contra Cristo, aquella noche. En cuanto a esto, la mayoría de comentaristas opinan que no ha habido otro tiempo en la historia humana, cuando el mal se haya manifestado en todo su horrible poder, como aconteció en ese preciso momento.

Todo esto, debido a que el Señor tenía que vencer al maligno en el mismo terreno donde el hombre había perdido la batalla. Pero ¡Qué precio tan grande, tuvo que pagar por ello! Cristo, nuestro Salvador, tuvo que enfrentarse cara a cara con los poderes del mal; y estuvo dispuesto a enfrentarse, para que nosotros pudiésemos disfrutar hoy de la protección de Dios.

Esta escena, nos muestra una vez más cuán grande es el amor de Dios para con Sus escogidos. Pues aquí, podemos observar el modo como el Padre entregó a Su propio Hijo, para salvar a un grupo de hombres y mujeres que le aborrecían; y la forma como Dios el Hijo, vino voluntariamente a sufrir las consecuencias de nuestros pecados, para que nosotros pudiésemos ser librados (Ver Romanos 8:31-32).

El Señor tenía que vencer al maligno en el mismo terreno donde el hombre había perdido la batalla.

Finalmente, lo acontecido aquí también nos enseña que aún las horas más oscuras de nuestra existencia, están contempladas en los decretos de Dios; y que Él es experto usando aún los escenarios más terribles, para llevar a cabo sus propósitos infalibles en la vida de cada uno de sus hijos.

Esto es algo que nosotros no debemos ignorar, en vista de que todos, en algún momento de nuestras vidas, pasamos por un valle de sombra de muerte y oscuridad, al que ciertamente le podemos llamar "la hora de las tinieblas". Pero aún en estas horas oscuras para nosotros, tenemos que ver a Dios, por la fe, llevando a cabo Sus maravillosos propósitos. Y precisamente, por causa de dichos propósitos:

➤ La copa de Jesús, no le pudo ser pasada...

➤ La traición de Judas, no pudo ser evitada...

➤ El arresto y los azotes, no pudieron ser evadidos...

➤ El pueblo pidió que le mantuvieran bajo arresto, y que en vez de darle libertad, soltaran a aquel cuyo nombre era Barrabás...

➤ Por causa de sus propósitos, el pueblo le calumnió, el

rostro le escupió y sin ningún tipo temor o reverencia, de Él, continuamente, se burló...

➤ Por causa de sus propósitos, soportó los clavos...

➤ Resistió la corona de espinas, que traspasando sus sienes, le fue colocada...

➤ Por causa de sus propósitos, cada una de las siete palabras, por Él fueron pronunciadas...

➤ Y por causa de sus propósitos, la deuda que teníamos, con Su sangre fue saldada.

PUNTOS A RECORDAR:

1. La riqueza espiritual que tenemos disponible en el cielo, no es para que tomemos atajos ni nos acomodemos ante las diferentes circunstancias que tengamos que hacer frente.

2. No intentemos manipular a Dios con nuestra arrogancia espiritual ni huyamos de las noches oscuras que Él nos permite pasar.

3. Cristo habría podido impedir que lo arrestaran, pero no lo hizo, porque Él había venido a morir por los Suyos y para poder cumplir con la causa por la que había venido, el arresto estaba necesariamente incluido.

4. Aún las horas más oscuras de nuestra existencia están contempladas en los decretos de Dios; Quien es experto usando aún los escenarios más terribles, para dar cumplimiento a sus propósitos infalibles, en la vida de cada uno de sus hijos.

5. Jesucristo, tenía que vencer al maligno en el mismo terreno donde el hombre había perdido la batalla.

Capítulo 16

EL MODO EN QUE PERDONÓ

"Y Jesús decía: Padre, perdónalos, porque no saben lo que hacen". Lucas 23:34 (RVR 1960)

EL MODO EN QUE PERDONÓ

*C*omo hemos podido ver en cada uno de los capítulos que hemos desarrollado hasta ahora, Jesús nos dejó un gran legado en cada una de las áreas de su vida. Nos mostró la importancia de tener un carácter firme, el valor de tener una identidad clara, el compromiso que debemos tener con la asignación que nos ha sido otorgada, entre muchas otras cosas más. Pero aún con todo lo antes mencionado, este escrito no hubiese estado completo de no haberse tomado un espacio para observar la manera tan admirable, como Jesús también se dispuso a perdonar.

*"Cuando llegaron al lugar llamado 'La Calavera', crucificaron allí a Jesús y a los malhechores, uno a la derecha y otro a la izquierda. Y Jesús decía: «Padre, **perdónalos**, porque no saben lo que hacen.» Y los soldados echaron suertes, repartiéndose entre sí Sus vestidos"*. Lucas 23:33-34 (NBLH)

La palabra "perdón" según el idioma griego, es "afiemi" y significa, entre otras cosas: "despedir, hacer salir, dejar atrás, abandonar, cancelar una deuda y soltar".

Dicho esto, es posible que algunos piensen: Entonces, si la implicación del término perdón es esta, ¿Cuál es la forma como deberíamos relacionar lo dicho por Jesús, con el significado de este término?

Antes de responder a esta pregunta, recordemos que desde la noche antes de su muerte, Jesús había sido traicionado por uno de sus propios discípulos, arrestado por soldados del templo, interrogado por el sumo sacerdote Anás, juzgado con evidencia falsificada por el consejo gobernante judío, negado por Pedro, (que era uno de sus íntimos) flagelado por unos soldados del templo, interrogado por el gobernador romano (Poncio Pilato), interrogado por el gobernador de Galilea (Herodes Antipas), interrogado una segunda vez por Pilato, azotado por unos soldados romanos, condenado a muerte por Pilato ante la insistencia del pueblo, burlado por los soldados romanos, coronado con espinas, forzado a llevar la cruz en que moriría hasta el lugar de su ejecución, despojado de sus ropas, clavado en la cruz y levantado en el aire para que colgara de sus manos y pies, hasta que muriera.

Ahora procedamos a considerar en detalle, el sentido de las palabras expresadas por Jesús, al decir: "Padre perdónalos porque no saben lo que hacen".

Padre: A pesar de todo lo que estaba pasando, Jesús reconocía que todo formaba parte de los planes de Dios. Es por eso que independientemente de las circunstancias en las que se hallaba, Su conexión y dependencia del Padre, jamás fue debilitada.

"Porque no bajé del cielo para hacer lo que yo quiero, sino lo que quiere Dios, quien me envió". Juan 6:38 (PDT)

Perdónalos: En este punto, es imposible no destacar la actitud del Admirable, Quien lejos de pedir por alivio en medio de su dolor, o por cualquier otra cosa que representara un beneficio para su persona; centró su oración a favor de sus verdugos, los que le torturaron y participaron de su muerte.

Luego de haber observado esto, volvamos a apreciar el significado de la palabra "perdón" en el original griego, que es: "despedir, hacer salir, dejar atrás, abandonar, cancelar una deuda y soltar". Esto entonces significa, que la expresión de Jesús: *"Padre perdónalos porque no saben lo que hacen"* representa el deseo de Cristo, de que el Padre: despidiera, hiciera salir, dejara atrás, abandonara, cancelara y soltara la deuda que aquellos hombres habían contraído, por causa de los azotes que de ellos, Jesús había recibido. Porque apesar de ellos no comprender la magnitud de lo que sucedía, la responsabilidad de sus acciones no se les evadía.

Por lo que el perdón que Jesús pidió para ellos no les vendría, sin que antes se arrepintieran y reconocieran su culpa por lo que hacían.

Esto significa, que el hecho de nosotros perdonar a quienes nos oprimen, no es quitarles la responsabilidad de sus malos actos, sino hacernos a nosotros mismos el favor de soltarlos, para tener el corazón sano y las manos libres para recibir lo que Dios quiere darnos; porque todos los que se dispone*n a* *"dejar ir la basura" que le lanzan sus opresores, tendrán el* *corazón sano y dispuesto para recibir sus bendiciones. (Ver* *Mateo 6:14)*

Asi que, no es casual que esta haya sido la primera de las siete últimas palabras pronunciadas por Jesús; porque ninguna de las demás palabras habría tenido el efecto ni el resultado que tuvieron, si primero Jesús no hubiese expresado su deseo, de que aquellos hombres fueran perdonados.

Porque no saben lo que hacen... Los pecadores que pusieron a Jesús en la cruz, ignoraban el verdadero sentido de sus acciones. Es decir, ellos pensaron que estaban torturando y dando muerte a un criminal más; como los tantos que eran condenados a muerte continuamente.

> *El hecho de nosotros perdonar a quienes nos oprimen, no es quitarles la responsabilidad de sus malos actos.*

Los líderes judíos, los habían engañado para que creyeran que Jesús era un falso y un alborotador, tal como lo expresa el libro de los Hechos 3:17, diciendo: *"Más ahora, hermanos, sé que por ignorancia lo habéis hecho, como también vuestros gobernantes".* Y precisamente a esta ignorancia, es que hace referencia Jesús, al decir: *... **ellos no saben lo que hacen.***

Es importante destacar que en términos humanos, pudo haber sido muy fácil para Jesús, dejarse influenciar por el dolor y el sufrimiento que los padecimientos de aquel difícil momento le producían, para llenarse de amargura y rencor en contra de aquellos hombres. Pero así como el ácido nítrico prueba el oro, nuestro carácter, identidad y valores se prueban bajo presión; y cuando somos atacados por el mal proceder de los demás.

Por ende, mientras aquellos hombres no sabían lo que hacían, Jesús sí sabía lo que acontecía; y jamás permitió que la ignorancia, la burla, ni los golpes de ellos, afectaran en lo más mínimo, la esencia de amor, misericordia, ternura y bondad que le definía.

Esto nos lleva a recordar, la popular anécdota de aquel hombre que echó mano a un alacrán, que de no haber sido rescatado, hubiese terminado siendo aplastado por los vehículos que pasaban por la carretera; pero al tomarlo para salvarlo, el alacrán picó al hombre que quiso ayudarlo.

Por causa de la picadura, el hombre le soltó; pero cuando le soltó, el alacrán tomó la ruta anterior y el hombre, una vez más se acercó, extendió su mano y le ayudó para evitar que fuera aplastado por los vehículos que seguían pasando por aquella carretera. Pero otra vez pasó lo mismo; y a la tercera vez, alguien que observaba a lo lejos, dijo al hombre: "Oiga señor, pero ¿Qué pasa con usted?, ¿Acaso está loco?. ¿No se da cuenta que ya son tres, las veces que este alacrán le ha picado y usted insiste en ayudarle?". A lo que el hombre respondió: "Amigo, no es que esté loco ni que no esté consciente de que este alacrán me ha picado. Lo que pasa es que la naturaleza del alacrán es picar, pero la naturaleza mía, es ayudar".

Dejar que las malas acciones de los demás altere la esencia de lo que somos, es darle la victoria a nuestro adversario, Satanás. Porque aunque perdonar e ignorar ciertas cosas, es difícil y duele; permitir que la amargura y el resentimiento hagan morada en nuestro interior, tarde o temprano nos dolerá mucho más.

> *El perdón no es algo que hacemos porque los demás lo merezcan.*

El Señor espera que nosotros entendamos, que el perdón no es algo que hacemos porque los demás lo merezcan (porque ciertamente hay muchos que no lo merecen) sino que el Señor quiere que perdonemos por causa de nosotros mismos; puesto que negar el perdón a los demás, hará que el perdón de Dios hacia nosotros, sea igualmente bloqueado.

*"Porque **si ustedes** no perdonan a otros, tampoco su Padre les perdonará a ustedes por sus pecados".* Mateo 6:14-15 (DHH)

Puntos importantes acerca del perdón

➤ No tenemos que esperar a que alguien que nos ofende, nos pida perdón para nosotros otorgarlo.

➤ El acto del perdón, es algo que depende exclusivamente, del perdonador.

➤ Cuando Cristo estuvo en la Cruz, nadie le estaba pidiendo perdón. Al contrario, todos estaban acusándole; pero a pesar de todo eso, Cristo se dispuso a decir:

"Padre perdónalos porque no saben lo que hacen".

➤ El perdón, es algo que queremos hacer cuando Dios ha formado su imagen en nosotros.

➤ El perdón, es algo que corresponde al carácter de Dios.

➤ El perdón, es un reflejo de la bondad de Dios, y debe ser manifestado también en nosotros, porque fuimos creados a imagen y semejanza de Él.

➤ La Palabra de Dios, llama bienaventurados a los que procuran la paz entre Dios y el hombre, pero también los que la procuran, entre el hombre y el hombre.

➤ Cuando perdones, no perdones para que el otro reconozca que actuó mal, que te ofendió o que te hirió. Perdona, porque ese es el llamado de Dios para sus hijos, de los cuales tú eres parte.

➤ La persona más favorecida, es quien perdona; no quien recibe el perdón.

➤ Si otorgas el perdón a quién te ha ofendido y la persona no está en la disposición de recibirlo, tu habrás cumplido con lo que te correspondía hacer. Así que siéntete libre y deja que con lo demás, sea Dios Él que haga lo que tenga que hacer.

➤ El hecho de que perdones a quien te falló, no necesariamente implica que habrá restauración. Porque el perdón depende de ti, pero la restauración depende de dos.

➤ A veces, a quien debemos perdonar es a alguien que ya

no está con nosotros. En este caso, haz una confesión en oración, descargando tu corazón en la presencia del Señor; y pídele al Espíritu Santo que sane tus heridas y quite de tu corazón todo dolor, y Él lo hará.

➤ Recuerda siempre, que la definición de perdón es: despedir, hacer salir, dejar atrás, abandonar, soltar y cancelar una deuda.

Por tanto, decide hoy mismo despedir la amargura, hacer salir el dolor, dejar atrás lo pasado; cancelar la deuda que contrajo el que, en algún momento, te hizo algún daño y soltar la carga que tal dolor te provocó.

*"**Porque si ustedes perdonan** a otros el mal que les han hecho, su Padre que está en el cielo los perdonará también a ustedes".* Mateo 6:14 (DHH)

"Quítense de vosotros toda amargura, enojo, ira, gritería y maledicencia, y toda malicia. Antes sed benignos unos con otros, misericordiosos, perdonándoos unos a otros, como Dios también os perdonó a vosotros en Cristo". Efesios 4:31-32 (RVR 1960)

PUNTOS A RECORDAR:

1. Perdonar a quienes nos oprimen, no es quitarles la responsabilidad de sus malos actos; sino hacernos a nosotros mismos el favor de soltarlos.

2. *Todos los que se disponen a "dejar ir la basura" que le lanzan sus opresores, tendrán el corazón sano y dispuesto para recibir sus bendiciones.*

3. *Así como el ácido nítrico prueba el oro, nuestro carácter, identidad y valores se prueban bajo presión, y cuando somos atacados por el mal proceder de los demás.*

4. Cuando Cristo estuvo en la Cruz, nadie le estaba pidiendo perdón. Al contrario, todos estaban acusándole; pero a pesar de todo esto, Él se dispuso a decir: *"Padre perdónalos porque no saben lo que hacen".*

5. El hecho de que otorgues el perdón a quien te falló, no necesariamente implica que habrá restauración. Porque el perdón depende de ti, pero la restauración, depende de dos.

Capítulo 17

SU ENFOQUE EN LA RECOMPENSA

"Por el gozo puesto delante de él, sufrió la cruz, menospreciando el oprobio…" Hebreos 12:2 (RVR 1960)

SU ENFOQUE EN LA RECOMPENSA

*D*ebido a su significado y a la exposición pública en la que se llevó a cabo, la muerte de Jesús, fue un acto en el que estaba implícita la burla y la vergüenza. Sin embargo, Él tuvo en poco tal deshonra, porque su prioridad era cumplir a cabalidad con todo lo que el Padre, le había encomendado; y como vimos en uno de los capítulos anteriores la muerte de cruz, era el tipo de muerte, que le estaba reservado. Por lo que con el fin de obedecer a Dios, no le importó el rechazo recibido por los demás; sino que soportó la vergüenza, la burla y el oprobio; de forma impresionante y absolutamente digna de imitar; y enseñándonos que nadie que busque obedecer a Dios y hacer su voluntad, debería ser adicto a la aprobación de los demás.

Dicho esto, consideremos el significado de lo que expresa el autor de Hebreos, al respecto: *"Puestos los ojos en Jesús, el autor y consumador de la fe,* **el cual por el gozo puesto delante de él sufrió la cruz, menospreciando el oprobio,** *y se sentó a la diestra del trono de Dios".* Hebreos 12:2 (RVR 1960)

Según el diccionario de la Lengua Española, el término "oprobio" se define como: "cualquier cosa que produce deshonra o vergüenza pública". Mientras que el término en Griego, viene de la raíz "aisjunê" y se traduce como: "vergüenza o desgracia".

En ese mismo orden, el término "menosprecio" (que fue lo que manifestó Jesús, en medio del oprobio) viene del griego "katafroneo" y se traduce como: "pensar en contra, desestimar, tener en menos, despreciar; considerar que algo no merece aprecio, importancia o valor; y que no es digno de que se le preste atención".

Por esto, cuando el autor de Hebreos nos revela que Jesús menospreció el oprobio que representaba la muerte de cruz, lo que según el significado de ambas palabras nos dice, es lo siguiente *"Jesús **no le dio valor, pensó en contra y no le dio importancia** a la vergüenza pública y la desgracia, que aquella muerte representaba".*

Además de esto, es importante resaltar que la burla hecha a Jesús, ocurrió varias veces después de su juicio, y antes de su crucifixión. Ya que de acuerdo a lo que se había escrito acerca de Él, las injurias estaban incluidas y se consideran parte de todo lo que Él, había de padecer.

De hecho, el mismo Jesús había predicho que iba a ser burlado; lo que en los evangelios de Mateo, Marcos y Lucas queda registrado.

"Escuchen les dijo, subimos a Jerusalén, donde el Hijo del

*Hombre será traicionado y entregado a los principales sa-cerdotes y a los maestros de la ley religiosa. Lo condenarán a muerte. Luego lo entregarán a los romanos **para que se burlen de él**, lo azoten con un látigo y lo crucifiquen".* Mateo 20:18-19 (NTV)

*"Como pueden ver, ahora vamos a Jerusalén. Y a mí, el Hijo del hombre, me entregarán a los sacerdotes principales y a los maestros de la Ley. Me condenarán a muerte y **me entregarán a los enemigos de nuestro pueblo, para que se burlen de mí, para que me escupan en la cara y me maten**; pero después de tres días resucitaré".* Marcos 10:33-34 (TLA)

Las burlas hechas a Jesús, fueron diversas, altamente crueles y se llevaron a cabo en tres escenarios específicos, que fueron las siguientes:

1. El momento que lo enjuiciaron:

*"Y los hombres que custodiaban a Jesús **se burlaban de él y le golpeaban**; y vendándole los ojos, le golpeaban el rostro, y le preguntaban, diciendo: Profetiza, ¿quién es el que te golpeó? Y decían muchas otras cosas injuriándole".* Lucas 22:63-65 (RVR 1960)

2. Después de su condena por Poncio Pilato:

Después de su condena por Poncio Pilato, Jesús fue azotado y

229

burlado por los soldados romanos, quienes lo vistieron de púrpura (manto que simboliza el vestido real) y pusieron una corona de espinas en su cabeza que traspasó sus sienes (que representa una corona real). Luego se arrodillaban delante de Él, diciendo: *"¡Salve, Rey de los Judíos!"* mientras que le escupían y le golpeaban; a esto hace referencia el evangelista Marcos, al decir:

*"Le pusieron un manto de color púrpura; luego trenzaron una corona de espinas, y se la colocaron. ¡Salve, rey de los judíos! lo aclamaban. Lo golpeaban en la cabeza con una caña y le escupían. Doblando la rodilla, le rendían homenaje; y después de **burlarse de él**, le quitaron el manto y le pusieron su propia ropa".* Marcos 15:17-19 (NVI)

3. Cuando estaba siendo crucificado:

Jesús también fue objeto de burla mientras estaba en la cruz. De hecho, aún los que se paseaban, le escarnecían y blasfemaban contra Él.

*"La gente que pasaba por allí gritaba insultos y movía la cabeza **en forma burlona**. «¡Eh! ¡Pero mírate ahora! le gritaban. Dijiste que ibas a destruir el templo y a reconstruirlo en tres días. ¡Muy bien, entonces sálvate a ti mismo y bájate de la cruz!".* Marcos. 15:29-30 (NTV)

*"Los principales sacerdotes y los maestros de la ley, también **se burlaron** de Jesús, diciendo: «Salvó a otros, ¡pero no puede salvarse a sí mismo! ¡Si es el Mesías, y si es Rey*

*como dice ser, que baje de la cruz para que podamos verlo y entonces creerle! Hasta los hombres que estaban crucifica-dos con Jesús, **se burlaban de él**".* Marcos 15:31-32 (NTV)

Por lo que de solo considerar detenidamente algunos de aquellos hechos, podríamos comprender mejor lo que verdaderamente significó para Jesús, menospreciar aquel oprobio.

Luego de ser calumniado y enjuiciado con falsos testimonios de los de su mismo pueblo, Jesús fue terriblemente azotado con flagelos que al hacer contacto con su cuerpo, desgarraban su carne; le fue puesta una corona de espinas que traspasó sus sienes y acto seguido, le pusieron la pesada Cruz en la que moriría, para que Él mismo la llevara a cuesta, hasta llegar al lugar donde su muerte se ejecutaría.

La Cruz no era muy alta, por lo tanto, una vez colgado allí, sus pies se encontraban solo a un metro por encima de la tierra. Por tanto, pudo oír todo lo que burlonamente se decía de Él, y ver claramente la expresión de los rostros de la gente que se paseaba por donde la Cruz, había sido ubicada. Mientras que ellos también podían oír claramente todo lo que Jesús decía, durante esas horas de constante tortura y agonía.

Además de esto, era costumbre de aquellos tiempos quitar toda la vestimenta a los que habían de ser crucificados; pero como los judíos objetaban que se mostrara el cuerpo humano desnudo en público, los romanos proveían un paño para cubrir las partes íntimas de los condenados en Jerusalén.

La crucifixión era uno de los castigos reservados para los peores criminales, y se trataba de una condena a la muerte, particularmente cruel, lenta y vergonzosa. De hecho, a veces la víctima tardaba varios días en morir; debido a esto, existía una asociación de mujeres judías que siempre enviaba una de sus representantes a las crucifixiones que se realizaban, con el fin de ofrecer a las víctimas, vino mezclado con mirra para aliviar los sufrimientos implícitos en aquel tipo de muerte. Ya que la mirra era utilizada como un elemento anestésico; pero cuando le ofrecieron este anestésico a Jesús, Él no lo tomó porque había decidido experimentar el dolor que el Padre había determinado que Él experimentara, sin hacer uso de nada que lo redujera o lo facilitara.

*"Y trataron de darle vino mezclado con mirra, pero **El no lo tomó"***. Lucas 15:23 (LBLA)

En otro orden, además de Jesús, habían dos hombres condenados a morir por medio de la muerte de cruz aquel día. Se trataba de dos bandidos que no dejaban de insultar a sus verdugos, mientras que las únicas palabras dichas por Jesús con referencia a estos, fueron: *"Padre, perdónalos porque no saben lo que hacen"*. (Ver Lucas 23:34)

Demostrando, a pesar de su gran dolor y profunda agonía, el gran amor y la infinita misericordia que tenía.

De sus once discípulos, solo Juan, presenció la crucifixión. Pero ni siquiera él estuvo presente todo el tiempo en sus padecimientos.

Por otro lado, los cuatro soldados romanos que tenían a cargo la crucifixión del Maestro; se habían dividido entre ellos sus ropas (como era costumbre en dicho acontecimiento) llevando uno las sandalias, otro el turbante, otro el cinto y el cuarto el manto; quedando tan solo la túnica; que era una ropa sin costura, que se llevaba hasta casi las rodillas; la cual pensaron cortar en cuatro pedazos, pero cuando se dieron cuenta del valor que tenía, decidieron echar suerte para ver a cuál de los cuatro, le correspondería. Dando así cumplimiento a la profecía contenida en el Salmo 22:18, donde acerca del Mesías, se profetiza lo siguiente: *"Repartieron entre sí mis vestidos, y sobre mi ropa echaron suerte".* (RVR 1960)

De manera que al exhortarnos "poner los ojos en Jesús", el autor de la carta a los Hebreos, nos alienta a soportar con fortaleza cada una de nuestras propias luchas; a vencer el rechazo, el oprobio y la vergüenza que nos toque enfrentar, del modo como Cristo lo hizo, al tenerlo que experimentar.

Tal como dijo el apóstol de Roma, Felipe Neri, en una ocasión: *"Todo cristiano debe aprender a despreciar el sistema del mundo, y **despreciar el hecho de que le desprecien"**.*

Pero, ¿Qué fue lo que alentó a Jesús y lo ayudó a resistir ante aquella tan vil experiencia? Volvamos a observar lo dicho por el autor de Hebreos, con el fin de identificarlo: " ... *Puestos los ojos en Jesús, el autor y con-*

> *Al exhortarnos "poner los ojos en Jesús", el autor de la carta a los Hebreos, nos alienta a soportar con fortaleza cada una de nuestras propias luchas.*

233

*sumador de la fe, el cual **por el gozo puesto delante de él**, sufrió la cruz, menospreciando el oprobio, y se sentó a la diestra del trono de Dios".* Hebreos 12:2

En este punto, se nos revela que lo que invistió a Jesús de fuerza y valentía para menospreciar el oprobio y resistir la vergüenza, fue poner frente a Él la victoria que luego de haber sufrido tal sacrificio, había de obtener. Por esto, en el libro de Isaías, se profetiza sobre Jesús: *"El Señor Dios me ayuda, y los insultos no me hieren. Por eso me mantendré firme, y sé que **no seré avergonzado"**.* Isaías 50:7 (PDT)

> *Por el gozo puesto delante de Él, sufrió el oprobio, menosprecio la vergüenza y finalmente obtuvo la victoria.*

Ahora bien, algunos quizás pensarán: Pero, ¿Cómo es que se profetiza en Isaías que Jesús no sería avergonzado, cuando hemos visto en tantos pasajes que ciertamente fue escarnecido por los de su pueblo, por los romanos, por los que pasan por debajo de la cruz y aún por los que a la par de Él, estaban siendo crucificados?. La respuesta, es esta: **Jesús no fue avergonzado porque ellos no lo intentaron, sino porque ellos no lo lograron.**

Porque por el gozo puesto delante de Él, sufrió el oprobio, menosprecio la vergüenza y finalmente obtuvo la victoria, a la que el apóstol Pablo hace referencia diciendo: *"Y a vosotros, estando muertos en pecados y en la incircuncisión de vuestra carne, os dio vida juntamente con él, perdonándoos todos los pecados,* **anulando el acta de los decretos que había contra nosotros, que nos era contraria, quitándola de en medio y clavándola en la cruz, y despojando a los principados y a las potestades, los exhibió públicamente, triunfando sobre ellos en la cruz".** Colosenses 2:13-15 (RVR 1960)

PUNTOS A RECORDAR:

1. Jesús, no tomó el vino mezclado con mirra, porque había decidido experimentar el dolor que el Padre había determinado que Él experimentara, sin hacer uso de nada que lo redujera o lo facilitara.

2. Todo cristiano, debe aprender a despreciar el sistema del mundo y a despreciar el hecho de que le desprecien.

3. A pesar de su gran dolor y profunda agonía, Jesús demostró el gran amor y la infinita misericordia que tenía.

4. Jesús no fue avergonzado porque sus opresores no lo intentaron, sino porque ellos no lo lograron.

5. Lo que invistió a Jesús de fuerza y valentía para menospreciar el oprobio y resistir la vergüenza, fue poner frente a Él, la victoria que luego de haber sufrido tal sacrificio, había de obtener.

CONCLUSIÓN

*A*l llegar a la conclusión de este escrito, esperamos que el contenido del mismo le haya inspirado a actuar como lo haría Jesús, en cada uno de los procesos, pruebas y desafíos, a los que deba hacer frente continuamente; y que pase lo que pase y venga lo que venga a su vida, la forma en que usted decida actuar, sea siempre conforme al deseo del Padre, a la dirección del Espíritu Santo y a la manera que nos ha modelado, nuestro amado Señor y Salvador Jesucristo.

"Piensen y actúen como Jesucristo. Esa es la «misma manera de pensar» que les estoy pidiendo que tengan. Él era como Dios en todo sentido, pero no se aprovechó de ser igual a Dios. Al contrario, él se quitó ese honor, aceptó hacerse un siervo y nacer como un ser humano. Al vivir como hombre, se humilló a sí mismo y fue obediente hasta el extremo de morir en la cruz. Por eso, Dios le dio el más alto honor y el nombre que está por sobre todos los nombres, para que se arrodillen ante Jesús todos los que están en el cielo, en la tierra y debajo de la tierra, y para que todos reconozcan que Jesucristo es el Señor, dando así honra a Dios Padre". Filipenses 2:5-11 (PDT)

OTROS LIBROS DE LA AUTORA

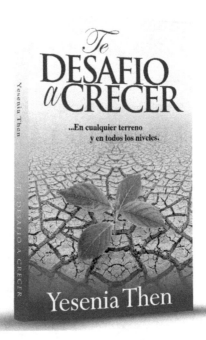

Te desafío a crecer

Más que un simple libro, es una herramienta de inspiración, dirección y fortalecimiento, que te hará no conformarte con menos de lo que fuiste creado para ser. El desafío está en pie, atrévete a crecer continuamente por encima de todas tus circunstancias y sin dejarte gobernar por tus dificultades.

Indetenible

365 mensajes, anécdotas e ilustraciones que impulsarán tu avance hacia la conquista de lo que Dios ha trazado para ti. Con furía e inspiración de Dios, a través de su autora, Yesenia Then. Un libro solo recomendado para aquellos que no aceptan otro diseño que no sea el que ya Dios creó para ellos y que hasta no ver cumplido ese diseño en sus vidas, han tomado la firme y obstinada decisión de ser *Indetenibles*.

Diamantes

Es un libro de 500 frases de lectura fácil, sencilla, y a la vez, cargada de instrucciones, que si atesoras y pones en práctica, te servirán como herramienta útil, para vivir de manera más sabia, efectiva y productiva el trayecto de vida que tienes delante

Mujer reposiciónate

En *Mujer Reposiciónate* la Pastora Yesenia Then, de forma bíblica y con un estilo fresco, llano y peculiar nos convoca al REPOSICIONAMIENTO. Mostrándonos como luego de haber caído, podemos encumbrarnos mucho más alto de lo que estábamos antes y como al poner en manos del Señor nuestras experiencias dolorosas, El hace que éstas se conviertan en una fuerza motora que nos redireccione y nos impulse en torno a la conquista de nuestro propósito. *Mujer reposiciónate*, revela tu diseño y no dejes que nada te robe la esencia.

Reconstruye con los pedazos

El modo como decidas hacer frente a lo que te acontece, es lo que marcará la diferencia entre si terminas como víctima, o superas tal embate como un sobreviviente. Un sobreviviente que al ver lo que fue quebrado, no se lamenta por los pedazos. Sino que los contempla para enfocarse en todo lo que puede salir de ellos; y precisamente para ayudarte a reconstruir con ellos, la Pastora Yesenia Then ha escrito *Reconstruye con los pedazos*, un contenido que al leer, serás inspirado, fortalecido, y edificado para echar a un lado la tristeza y confusión y emprender con toda firmeza tu nueva edificación.